Fliegenbinden leicht gemacht

Fliegenbinden
leicht gemacht

JAHR TOP SPECIAL VERLAG HAMBURG

Bibliografische Information Der Deutschen Bibliothek
Die Deutsche Bibliothek verzeichnet diese Publikation in der
Deutschen Nationalbibliografie; detaillierte bibliografische
Daten sind im Internet über http:dnb.ddb.de abrufbar.

Copyright © 2002
Stackpole Books
Mechanicsburg, USA
in englischer Sprache unter dem Titel
The Practical Fly-Tier

Alle Rechte in deutscher Sprache 2003

JAHR TOP SPECIAL VERLAG
GmbH & Co. KG
Jessenstraße 1, D-22767 Hamburg
Telefon 040 / 3 89 06-0. Telefax 040 / 3 89 06-302

Deutsche Übersetzung: Jan-Torben Granitza

Redaktion: Corinna Volgemann, Michael Werner

Titelgestaltung: Wolfgang Tiedemann

Fotos: Thom Beck

Druck: freiburger graphische betriebe, Freiburg

ISBN 3-86132-680-9

Seit 1983 bindet Royce Dam bei jedem internationalen Treffen der Federation of Fly Fishers seine Fliegen. Er unterrichtete die Kunst des Fliegenbindens schon in China, Bhutan und mehr als fünfzehn weiteren Staaten und nahm zudem zweimal an der Fliegenfischer-Messe „Fly Fair" in Holland teil. Mehrfach spendete Royce gerahmte Fliegenmuster für Auktionen zu Gunsten wohltätiger Einrichtungen.

Die in diesen Rahmen präsentierten Muster reichen von klassischen Lachsfliegen bis zu Fliegen, die an sämtlichen Seen, Flüssen und Meeren zum Einsatz kommen können. Royce konnte außerdem mehrere Auszeichnungen für seine fliegenbinderischen Fähigkeiten und seinen Einsatz für die Ziele der Federation of Fly Fishers entgegennehmen, beispielsweise die des Friend of the Southern Council der Federation of Fly Fishers (1988) und den Contributing Artisan Achievement Award des Great Lakes Council (1992). Ebenso wurde ihm der alljährlich vergebene „Buz" Buszek Memorial Fly-Tying Award (1994) der Federation of Fly Fishers überreicht.

Royce verleiht mit seinen Fähigkeiten einer alten Kunst ein modernes Gesicht. Er hat praxisorientierte und einfache Wege gefunden, die das Fliegenbinden der Perfektion näher kommen läßt. Während Sie dieses Buch lesen und sich dabei Royces Techniken aneignen, werden Sie sich mehr als nur einmal vor die Stirn fassen und sagen, „Junge, Junge, ich kann nicht glauben, wie einfach das eigentlich ist."

Dies ist allerdings kein Buch, das das Ziel verfolgt, Ihnen vornehmlich Muster und Imitationen zu präsentieren, sondern vielmehr soll es Ihnen spezielle Bindetechniken aufzeigen und vermitteln – selbstverständlich konnte es Royce sich nicht verkneifen, hierfür auch einige seiner Lieblingsmuster auszuwählen. Aber diese sollten Sie auch ruhig einmal an Ihren heimischen Gewässern ausprobieren, von Nachteil wird dies für Sie bestimmt nicht sein.

Dieses Buch ist so gegliedert, daß die Inhalte der Kapitel aufeinander aufbauen. Wenn Sie dieses System beibehalten, also Kapitel für Kapitel vorgehen, wird sich Ihre Bindegeschwindigkeit und die Qualität Ihrer fertigen Muster stetig erhöhen.

Royce kombiniert hierbei in seinem Buch Grundlagenwissen über Werkzeuge und Bindetechniken mit neuen und komplexeren Methoden, die sowohl für Einsteiger als auch für Fortgeschrittene gleichermaßen interessant sind.

Mark Van Patten

INHALT

Vorwort ix

Einleitung xi

Danksagung xv

1. Bindewerkzeuge 1
    Bindestöcke 1
    Scheren 2
    Bindegarnhalter (Bobbins) 2
    Bindenadeln (Bodkins) 2
    Hechelklemmen (Hackle Pliers) 2
    Weitere wichtige Werkzeuge 2

2. Das Binden von Naßfliegen – die Grundlagen 4
    Einspannen des Hakens 4
    Anlegen des Bindefadens 4
    Herstellung von Dubbing 6
    Herstellung eines Dubbing-Strangs 7
    Herstellung von Dubbing mit Glitzereffekt 8
    Knoten für den Abschluß 8
    Grizzly-Hackle 10
    Pass Lake 15
    Royal Coachman Wet 19
    Hairwing Royal Coachman 26
    Red Llama 28
    Red Lama Variante 33
    Grizzly King 35
    Coleman Lake Special 41

3. Das Binden von Trockenfliegen 45

    Die White Wulff 46

    Hairwing Adams – binden mit zwei Hecheln 52

    Light Cahill Sparkle Dun 54

    Pale Morning Dun Parachute 56

    Dam's Hairwing Caddisfly 59

    Tent-Wing Caddis 62

    Spent-Wing Rusty Spinner 65

    Arrowhead 67

    Brown Drake 70

    Little Green Beetle 71

4. Das Binden von Nymphen 74

    Large Brown Stonefly 74

    Little Yellow Stonefly 78

    Special Hex 81

    Pale Morning Dun Nymph 84

    Blue-Winged Olive Nymph 87

    Golden Stonefly Nymph 89

    Pheasant Tail Nymph 92

5. Das Binden von Streamern 95

    Zonker-Muster 95

    Original-Zonker 96

    Strip Leech 96

    Toothpick Fry 99

    Muddler Minnows 103

    Muddler-Köpfchen – leicht gemacht 107

    Golden Squirrel 110

VORWORT

Es ist schon seltsam, welch starke Bedeutung einem Fluß bei dem Fortschritt der Fliegenbinderei zukommt. Zumeist war es den Herausforderungen eines Flusses zu verdanken, daß die Fliegenbinderei eine Weiterentwicklung erfuhr. Die Kreativität wurde immer wieder aufs Neue gefordert, um den Ansprüchen einzelner Fließgewässer gewachsen zu sein. So gibt es die Fliegen von Marinaro nur dank des ländlichen Letort Spring Creek, George Grant entwickelte seine faszinierenden Fähigkeiten des Bindens von Hecheln nur aus dem Grund, den Bedingungen am Big Hole gerecht zu werden, und die Existenz der No-Hackle-Fliegen (Trockenfliegen ohne Hechel) von Swisher und Richards wiederum verdanken wir deren Beobachtungen, die sie bei einem Schlupf der Eintagsfliegenart „Pseudocloeon" am Au Sable River in Michigan gemacht haben.

Der Wolf River in Wisconsin ist ebenfalls ein Fluß, der indirekt die Entwicklung vieler neuer Muster und Techniken des Fliegenbindens vorantrieb. Während allerdings die Techniken zumeist stets die gleichen blieben, veränderten sich die gebundenen Muster doch sehr in eine Richtung. Diese Homogenität des Bindestils wurde weniger durch eine Übereinkunft der örtlichen Binderszene als durch die Eigenschaften des Flusses erzielt. Groß, wild und einem alles abverlangend, verwöhnt der Wolf River weder Forellen noch die Insekten, und daher ist es an diesem Fluß wichtiger, mit Imitationen zu fischen, die in erster Linie robust und gut sichtbar sind, ihre imitative Wirkung ist eher zweitrangig. Und so lange der torfbraune Fluß durch die Koniferen- und Laubwälder in den Highlands von Wisconsin fließt, so lange er über das Geröll purzelt und tanzt, das die Eiszeit dort vor 12.000 Jahren hinterlassen hat, so lange die Lebewesen in diesem Fluß durch den ewigen, harten Zyklus des Lebens geprägt werden, so lange wird auch Royce Dam die Kraft dieser Schöpfung in seine Fliegen einfließen lassen.

Royce Dam wohnt in Wauwatosa, ein Stück außerhalb Milwaukees. Für die meiste Zeit seines Lebens war er in der Stahlindustrie tätig. Es war eine heiße, schwere Arbeit und Royces gewaltige Hände (oder besser gesagt Pranken) und Unterarme spiegeln seinen ehemaligen Beruf wieder. Kaputte Fingernägel gehörten bei ihm ebenso zum Berufsalltag wie zerschnittene, gequetschte und verbrannte Haut. Mit all den Narben, die diese Verletzungen hinterließen, und seinen, ich nenn sie mal schmeichelhaft „Wurstfingern", scheint Royce nicht gerade die besten Voraussetzungen für das Fliegenbinden mit sich zu bringen. Aber der äußere Schein trügt gewaltig! Royce ist ein hervorragender Fliegenbinder, der immer wieder mit neuen Innovationen aufwartet.

Royce begann mit dem Fliegenbinden als er in den Zwanzigern war, um auf Bluegills und andere Warmwasser-Spezies zu fischen. In den frühen 50igern machte er zusammen mit drei Freunden aus seinem Hobby endgültig einen Beruf. Royce spezialisierte sich hierbei auf Panfish-Muster, deren Körper aus Chenille bestanden. Und so kam es, daß er pro Jahr mehr als 400 Dutzend solcher Fliegen kreierte.

In den späten 50igern fischte er dann im Wolf River und dieser Fluß schien dabei eine magische Anziehungskraft auf Royce auszuüben, denn ab jenem Tag zählte er zu den mehr als treuen „Stammgästen" dieses Gewässers. So kam es auch, daß er eines Tages Ed Haaga kennenlernte. Ed und Royce tauschten fortan ihre Ideen bezüglich Bindetechniken und neuen Mustern regelmäßig aus.

Obwohl Ed großen Einfluß auf Royces Entwicklung als Fliegenbinder hatte, basiert Royces Arbeit jedoch vornehmlich auf seinen eigenen kreativen Ideen und Gedanken. Die meisten neuen Fortschritte, die Royce im Laufe der Zeit hervorbrachte, beruhen auf seinen eigenen fischereilichen Erfahrungen, die er zu neuen Techniken umsetzte beziehungsweise sie auch teilweise mit den Arbeiten von Bindern wie Atherton, Wulff, Rosborough und anderen zu neuen Techniken kombinierte.

Obwohl Royces Hände so groß wie Gehwegplatten sind, bindet er selbst die filigransten Trockenfliegen aller möglichen Stile mit unglaublicher Genauigkeit, Hingabe und Gemütsruhe.

Sein wahres Herz schlägt jedoch für massiv gebundene Muster, eine Folge der vielen Stunden, die er am wilden Wasser des Wolf Rivers verbrachte.

Eines von Royce einmaligen Mustern ist eine sehr erfolgreiche Maus aus Caribou-Haar, die er in den späten 60igern für die Nachtfischerei entwickelte. Er arbeitete dabei sehr detailgetreu an dieser Imitation. Sogar Ohren und Barthaare band er mit ein. Allerdings nicht, damit Menschen seine selbstgebundene Maus als besonders interessant empfanden, sondern vielmehr die Fische. Royce wollte seinem künstlichen Nager so viel Leben einhauchen wie irgend möglich. Und es gelang ihm. Wenn Royce seine ausgeworfene Maus wieder einstrippt, wirkt seine Imitation wahrhaft lebendig, nicht nur für Fische. Das verwendete Ziegen- und Caribou-Haar pulsiert so stark, daß aus dieser unnatürlichen Kombination aus Haken und Bindematerial eine für das Auge lebendig wirkende Maus wird, die mit ihren Beinen panisch um ihr Leben paddelt. An einem Abend brachte er dank dieser Säugetier-Imitation sieben wundervolle Bachforellen mit nach Hause.

Sicher: Royce entwarf dieses Muster ursprünglich für die großen Bachforellen des Wolf Rivers, die des Nächtens in den Gumpen unter den dunklen Erlen oder Zedern auf ihre Beute lauern, aber lassen Sie sich eines sagen: Nicht nur die Forellen des Wolfs finden Gefallen an dieser süßen Maus. Auch Forellen in anderen Ländern naschen hin und wieder mit Genuß solche „Leckereien".

Doch die Kreativität von Royce Dam wurde nicht nur durch den Lauf des Wolf Rivers gefordert und gefördert, sondern auch durch den Lauf der Zeit, der ihm weltweit eine Menge Erfahrungen einbrachte. Royce ist alles andere als ein auf lokale Gewässer spezialisierter Fliegenbinder. Er ist ein Weltklassebinder, dessen Fliegen nicht nur durch ihre Kreativität oder Genauigkeit bestechen, sondern vor allem durch die Tatsache, daß man sie auf der ganzen Welt erfolgreich fischen kann. Royces Wissen über das Fliegenbinden ist mindestens genauso breit und tiefgehend wie das Flußbett seines geliebten Wolf Rivers. Sein Können ist wahrhaftig eine Kunst und die Objekte, die er mit ihr schafft, sind es erst recht. Seine Techniken werden Sie zum Nachdenken bewegen und Sie werden angestachelt, selbst eigene Wege und Ideen zu entwickeln, alte Verfahren eigenständig zu verbessern und das neu erlernte Wissen mit Ihrem Können zu kombinieren. Und Sie werden schlußendlich von Ihrem Bindetisch aufstehen und dem herrlichen Tag draußen entgegenstrahlen, während Sie sich einen passenden Namen für das neue Muster ausdenken, daß Sie soeben mit Hilfe von Royce-Tricks gebunden haben und später am Gewässer zum Leben erwecken werden. Ich weiß, daß es so sein wird, schließlich bin ich auch gerade mal wieder auf Namenssuche …

Gary Borger

EINLEITUNG

Ich bin auf einem sechs Hektar großen Bauernhof in Kenosha, im südöstlichen Teil des Staates Wisconsin, aufgewachsen. In jenen Tagen versorgten sich die Bauern noch selbst. Die Bauern waren also auf die Familie angewiesen und auch sehr von ihr abhängig, sorgte sie doch für Nahrung und Schutz.

Mein älterer Bruder Wilfried, mein Zwillingsbruder Ralph und ich arbeiteten während der Sommermonate auf benachbarten Farmen. Wir ernteten für zehn Cents die Stunde das Gemüse auf den Feldern. Ich kann mich noch gut daran erinnern, wie sich meine Hände und Knie nach einem Zehn-Stunden-Tag bemerkbar machten, bewegten wir uns doch während der gesamten Arbeitszeit auf allen vieren. Aber es war klar, daß der Winter uns auch nicht weniger abverlangen würde als der vorangegangene Sommer. Spätestens die fünf Zentimeter dicke Frostschicht an den Innenwänden unseres Bauernhauses würde uns dies wieder verdeutlichen. Meine Mutter würde erneut heiße, in Handtüchern eingewickelte Ziegelsteine ans Fußende des Bettes legen, in dem ich zusammen mit meinem Bruder schlief. Mit dieser angenehmen Wärme an den Füßen schlief ich ein und träumte von den herrlichen Sonnentagen im Frühling und Sommer. Mein Vater und ich würden wieder mit einem viereinhalb Meter langen Stock und einer bis zum Rand mit Getreidemehlballen gefüllten Wanne Karpfen angeln gehen, in der Hoffnung, einen solchen Fisch für das Familienabendessen zu fangen. Ich wußte damals noch nichts von dem sanften Sport des Fliegenfischens, der eines Tages mein Leben ausfüllen und mitbestimmen sollte.

Die Ziegelsteine kühlten sich ab, und tiefe Dösigkeit hielt meine Augenlider vor der Winternacht geschlossen. Das Knacken von brennendem Ofenholz würde mich morgens schon früh, wohlgemerkt viel zu früh, aus meinem Schlaf reißen. Und die durch Mark und Bein gehende Kälte würde mich wieder an die Arbeit erinnern, die gemacht werden mußte. Das Leben war schön, aber eben auch sehr hart.

Einige der bedeutendsten Geister der Psychologie behaupten, daß die Kindheitserlebnisse unseren späteren Lebensweg in Bahnen lenken würde, die wir niemals erwarten würden. Möglicherweise ist das wirklich so. Im Jahre 1933 – ich war gerade mal acht Jahre alt – experimentierte mein zehn Jahre älterer Bruder Wilfried mit selbstgebauten Knalldosen. Er nahm damals eine leere Tomatendose zur Hand und füllte diese mit Gas. Anschließend entzündete er die Füllung, was ein lautes Zischen zur Folge hatte. Voller Panik, er würde nun möglicherweise die ganze Garage abbrennen, schmiß er die Dose blindlings nach draußen, ohne vorher zu gucken, ob dort eventuell jemand steht. Dieser Jemand war ich ...

In den frühen Dreißigern war die medizinische Versorgung noch längst nicht das, was sie heutzutage ist. Brandwunden hatten zum Teil verhängnisvolle Folgen. Unser damaliger Landarzt war vermutlich einer der ersten Ärzte überhaupt, der eine Hauttransplantation auf dem Lande vornahm. Ich lag währenddessen auf keinem OP-Tisch, sondern auf unserem Küchentisch. Er entnahm die Haut aus meinem Oberschenkel und setzte sie auf meinen Unterschenkeln wieder ein. An dieser Stelle möchte ich mich nochmals bei dem guten alten Doc Lowe bedanken, und auch meiner Mutter gilt ein Extradank. Sie hatte dem Doc während der OP assistiert. Dank dieser zwei Menschen konnten meine Beine gerettet werden, und heutzutage erinnern nur noch die Narben an jene Zeit.

Im Alter von 14 Jahren sollte dann wiederum ein weiterer Zwischenfall meine Zukunft beeinflussen. Ich war gerade auf einen Apfelbaum in unserem Obstgarten geklettert, um vertrocknete Äste und Zweige zurückzuschneiden, als ich einen Schuß hörte. Eine Kugel bahnte sich ihren Weg durch die Blätter und schlug neben mir in dem Baumstamm ein. Einer meiner Freunde spielte mit einem Gewehr Kaliber .22, und er hielt es wohl für witzig, mir einen Startschuß für die bevorstehende Arbeit zu geben.

Ich finde das überhaupt nicht komisch, also laß den Mist, schrie ich ihn an. Seine Antwort kam recht schnell und schlug direkt neben meinem Kopf in einem Ast ein. Ich habe eine hohe Toleranzgrenze, aber jetzt war endgültig genug. Ich kletterte vom Baum und lief Richtung Haus, um mir meine eigene Pistole zu holen, als ich hinter mir einen weiteren Schuß hörte. Die Kugel prallte von einem Felsen ab und fand ihr Ziel schließlich in meiner rechten Hüfte!

Der Doktor gab mir daraufhin zunächst einmal eine Tetanusspritze. Innerhalb weniger Minuten zeigte mein Körper die ersten Reaktionen auf das Antitoxin, nur leider nicht diejenigen, die wir uns erhofften. Erst fing meine Haut über den gesamten Körper an, schmerzhaft zu kribbeln, und schließlich setzte mein Herz und meine Atmung aus. Ich bekam daraufhin eine Adrenalininjektion direkt ins Herz, um es wieder zum Schlagen zu bringen. Meine Mutter und mein Vater warteten voller Angst vor der Tür, als die Schockreaktion meines Körpers langsam abklang und das Leben in meinen Körper zurückkehrte. Wieder einmal erholte ich mich von einem ernsthaften Unfall.

Der Zweite Weltkrieg erschütterte unsere Nation wie ein landesweites Erdbeben. Patriotismus flammte auf und jeder einigermaßen körperlich gesunde junge Mann war geradezu gierig darauf, in die Armee einzutreten, um seinen Teil für die Nation beizutragen. Ich bildete dabei keine Ausnahme. Ich wollte ein Marine werden und unternahm mehrere Versuche, bei ihnen aufgenommen zu werden. Aber meine medizinische Vergangenheit, die tiefen Narben am Bein und meine Schockreaktion auf Tetanusimpfungen verhinderten dies letztendlich immer wieder. Doch Ausdauer zahlt sich nun mal aus: Im Jahre 1943 war es schließlich soweit, ich wurde ein Marine und mußte zur Ausbildung für zwei Wochen in ein Bootcamp. Meine erste Aufgabe, nachdem ich das Ausbildungslager wieder verlassen hatte, war es, ein Munitionslager in San Francisco zu bewachen. 1945 war ich dann als Soldat bei dem Iwo-Jima-Feldzug dabei. Die ersten Marines, die ihre Füße auf japanischen Boden setzten, waren die 34 Überlebenden meiner ursprünglich 210 Köpfe zählenden Kompanie. Ich gehörte zu der kleinen Gruppe Überlebender. Wir erreichten Japan am 3. September 1945. Dieser historische Moment markiert den Beginn der japanischen Belagerung durch die alliierten Kräfte.

Nach meinem Ausscheiden aus der Armee fing ich mit dem Fliegenfischen an, um nach den Erlebnissen während des Zweiten Weltkrieges meinen inneren Frieden zu finden. Mein Körper und Geist verlangten nach Entspannung und Ruhe, um die schrecklichen Erinnerungen verdauen zu können. Weswegen ich mich allerdings hierfür ausgerechnet für die Fliegenfischerei entschieden habe, weiß ich nicht mehr so genau. Ich weiß lediglich, daß ich von der Möglichkeit hörte, Fische mit einer künstlich gebundenen Fliege fangen zu können. Irgendwie faszinierte mich diese Vorstellung, und so wurde Fliegenfischen zu meiner Nachkriegstherapie.

Ich war – wie viele anderen Menschen auch, die ein neues Hobby anfangen – begeistert und sehr interessiert, aber eigentlich völlig ahnungslos. Also ging ich in das nächstbeste Angelgeschäft, kaufte irgendwelche billigen Fliegen, befischte mit ihnen anschließend auf gut Glück Flüsse und Seen und fing Panfish (Sonnenbarsche) und Bass (Schwarzbarsch). Es lag an meiner Erziehung, daß es mir widerstrebte, viel Geld für Fliegen auszugeben, die so oder so nach ein bis zwei Fischkontakten mehr einer Flaschenbürste ähnelten als einer Fliege. Also beschloß ich, mir meine eigenen Fliegen zu binden. Was habe ich denn schon groß zu verlieren, fragte ich mich selbst. Wer weiß, vielleicht würden ja sogar meine Selbstgebundenen etwas länger halten als die Gekauften. Meine Fliegenbinder-Karriere nahm somit ihren Anfang.

Ich hatte keinen Lehrer, der mir das Binden zeigte. Vielmehr eignete ich mir mein Wissen aus Büchern an. Ich kann mich noch gut an meine ersten beiden Fliegenbinde-Bücher erinnern. Das eine war von Joe Blades und das andere von der bekannten Fliegenbinderin Helen Shaw geschrieben worden. Nachdem ich meine ersten Erfahrungen als Fliegenbinder gemacht hatte, entwickelte ich mit den Jahren zum Teil meine eigenen Bindetechniken und erfand hin und wieder eigene Fliegenmuster. Es war nicht zu vermeiden, daß ich in die esoterische Welt des Fliegenfischens auf Forellen gezogen wurde …

Im Jahr 1950 lernte ich dann Irwin Mann kennen. Irwin war ein Purist bezüglich Forellenfischen. Seine Hingabe und Leidenschaft für diese Fischerei faszinierte und begeisterte mich so sehr, daß ich ebenfalls zu einem Forellenfischer wurde. Ich konzentrierte meine gesamten Anstrengungen auf die Entwicklung von Fliegen, die eine Forelle überlisten könnten. Das Fischen auf Forellen ist und wird auch immer meine große Liebe in der Fischerei bleiben.

Die Winter in Wisconsin bringen immer eine Krankheit namens Zimmerkoller mit sich: Jeder, der einen harten, langen und öden Winter in seinen vier Wänden über sich ergehen lassen muß, sucht nach etwas, das ihn zumindest geistig aus dieser erdrückenden, grausamen Enge befreit. Mein Heilmittel war die Milwaukee Sports Show.

Rausgehen und neue Menschen kennenlernen, die sich ebenfalls für die Fliegenfischerei begeistern, war für mich stets wie wärmende Sonnenstrahlen in dieser eiskalten Winterapathie.

Während eines Besuches einer solchen Show lernte ich Gary Borger kennen. Gary ist einer der begnadetsten Fliegenfischer unserer Zeit. Er fragte mich, ob ich nicht Interesse hätte, als Lehrer an einer seiner Fliegenfischerschulen zu arbeiten. Ich glaube, daß meine laxe Antwort meine innerliche Erregung zu diesem Zeitpunkt einigermaßen widerspiegelt: Lebt ein Bär im Wald? Das Einzige, was mich davon abhielt, vor Freude hin und her zu tänzeln, war der Krampf in meinem Fuß. So kam es, daß Gary und ich achtzehn Jahre lang zusammen als Fliegenfischenlehrer arbeiteten. Ich werde mich immer an die Gelegenheit und die Chance erinnern, die er mir damals gab.

Im Jahre 1983 stellte Gary meinen Namen in der Federation of Fly Fishers (FFF) der USA vor, woraufhin ich eine Einladung zum internationalen Fliegenbinder-Treffen in West Yellowstone, Montana, erhielt. Als ich dort eintraf, war ich aufgeregter als ein Schuljunge vor seiner ersten Arbeit. Ich wußte, daß ich gleich mit den besten Fliegenbindern des Landes zusammentreffen würde. Aber meine dort erlebten Erfahrungen sprengten letztlich sämtliche Rahmen meiner Vorstellungskraft: Ich traf Menschen, die ich bisher nur aus Büchern kannte. Ich lernte von den wahren Könnern des Faches. Manche dieser Menschen habe ich leider wieder aus den Augen verloren, doch ich wurde mit den Geschichten und mit der Zeit gesegnet, die ich damals mit ihnen teilen durfte. Andere wiederum sind zu guten Freunden geworden und werden es auch ewig bleiben.

Royce Dam

DANKSAGUNGEN

Da sie zu zahlreich sind, um hier alle namentlich aufzulisten, möchte ich mich zuerst bei meinen Freunden und gleichgesinnten Fliegenbindern bedanken, die mich stets ermutigten, dieses Buch zu schreiben.

Ein großer Dank geht an Mark Van Patten. Zu Beginn hatte ich meine Zweifel, ob ich meine Fliegenbindetechniken so ins Schriftliche übertragen könnte, daß der Leser sie auch versteht. Mark erklärte sich daher bereit, mir zu helfen, zu redigieren und gegebenenfalls auch etwas umzuschreiben. Ohne seine Hilfe hätte ich dieses Buch niemals schreiben können.

Weiterhin möchte ich mich bei Thom J. Beck für seine herrlichen Photographien bedanken. Thom selbst ist kein Fliegenbinder, trotzdem hat er es vermocht, wie ich finde, einige der besten Bindefotos zu schießen, die ich jemals gesehen habe.

Mein guter Freund Peter McCauley half mir mit seinen Computerfähigkeiten. Ihm verdanke ich es, daß meine handgeschriebene Arbeit in druckfertige Seiten umgewandelt wurde.

Ganz besonderen Dank schulde ich meinem alten Freund Gary Borger für sein Vorwort. Gary ist schon seit vielen Jahren ein Befürworter meiner Arbeit. Er war verantwortlich für meine Einladung zu meiner ersten internationalen FFF-Tagung.

Weiterhin möchte ich mich bei Carla Widener bedanken, die mich stets ermutigte und in allen meinen fliegenbinderischen Anstrengungen unterstützte.

Weiterer Dank geht an folgende Sponsoren:

Danville Chenille Co., Inc.
1 Hampstead Road
P.O. Box 1000
Danville, NH 03819-1000
(603) 382-5553

Dan Bailey's Fly Shop
209 West Park Street
P.O. Box 1019
Livingston, MT 59047-1019
(800) 356-4052

Blue Mountain Angler
1375 Barleen Drive
Walla Walla, WA 99362
(509) 539-8733

Uni Products, Inc.
561 Rue Princpale
Ste. Melanic, Quebec JOK 3AO

Wapsi Fly, Inc.
27CR 485
Mountain Home, AR 72653
(870) 425-9500

Fly Rite, Inc.
Dept F.F.
7421 S. Beyer
Frankenmouth, MI 48734
(517) 652-9869

Dyna King
Abby Precision Mfg. Co.
70 Industrial Drive
Cloverdale, CA 95425
(707) 894-5566

Angler Sport Group, Inc.
6619 Oak Orchard Road
Elba, NY 14058
(716) 757-9959

Joe Humphreys
1051 Boalsburg Road
Boalsburg, PA 16827
(814) 466-6085

Gordon Griffiths
1190 Genella
Waterford, MI 48328
(810) 673-7701

KAPITEL 1

Werkzeug / Binde-Tools

Die Fortschritte bezüglich der Werkzeuge und Materialien für das Fliegenbinden sind gewaltig. Wenn ich mir heute einmal vergleichsweise die Hilfsmittel anschaue, mit denen ich angefangen habe, wäre ein Ausdruck wie „antiquarisch" noch sehr geschmeichelt. Bei den Bindetechniken hingegen sind die Weiterentwicklungen nicht so rasend schnell vorangeschritten. Eine Aufgabe dieses Buches soll es deshalb sein, Ihnen einige neue Techniken zu zeigen, wie Sie künftig Ihre Fliegen nach einem bestimmten System effizienter und zeitsparender binden können, ohne daß diese dabei qualitativ etwas einbüßen. Allerdings sollten wir uns zunächst einmal die Werkzeuge genauer anschauen, die wir hierfür benötigen.

BINDESTOCKE
Ihr Bindestock ist das teuerste Tool, das Sie sich kaufen werden und gleichzeitig auch das wichtigste. Kaufen Sie sich deshalb den besten, den Sie sich leisten können. Es gibt eine riesige Auswahl an Bindestöcken, die sich je nach Preisklasse in Design, Zubehör und Qualität unterscheiden, alle aufzuzählen wäre daher utopisch. Im Interesse Ihres Geldbeutels allerdings sollte jedoch kurz beschrieben werden, was Ihnen im allgemeinen im Handel angeboten wird und auf was Sie beim Kauf achten sollten.

Ein billiger Bindestock hat üblicherweise einen fest fixierten Kopf, der in einem festen Winkel von 30 Grad über der Horizontalen angebracht ist. Sie können also den Winkel des Kopfes nicht ändern, weder um das Arbeiten im Sinne Ihres Rückens bequemer zu gestalten, noch um einen speziellen Haken besser bearbeiten zu können. Ebenfalls ist es Ihnen nicht möglich, den Kopf um 360 Grad um die eigene Achse zu drehen, um sich beispielsweise die Fliege während des Bindevorgangs von allen Seiten anzuschauen. Üblicherweise sind solche Bindestöcke auch aus weicherem Material gefertigt als Bindestöcke einer gehobeneren Preisklasse. Dies hat zur Folge, daß sich die Backen des Kopfes schneller abnutzen und darunter wiederum die Haken-Halteeigenschaften des Bindestockes leiden.

Bindestöcke der mittleren Preiskategorie haben im allgemeinen einen Kopf, der sich im Winkel verstellen lässt. Einige verfügen sogar über einen voll um die Längsachse rotierbaren Kopf, so daß Sie die Fliege von allen Seiten begutachten können,

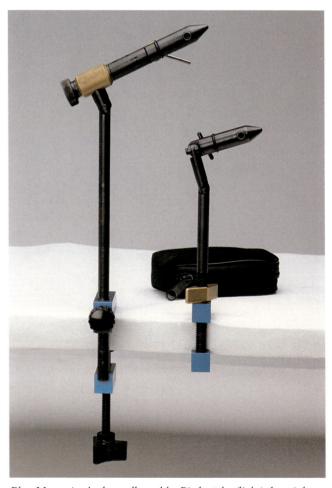

Blue Mountain Anglers stellen solche Bindestöcke (links) der mittleren Preisklasse her. Der Winkel des Kopfes kann bei diesem Modell verstellt und komplett um die eigene Achse gedreht werden. Rechts im Bild sehen Sie einen Blue Mountain Anglers Reise-Bindestock. Dieser ist hervorragend dazu geeignet, am Gewässer vorkommende Futtertierchen direkt an Ort und Stelle nachzubinden.

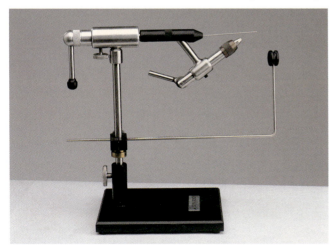

Ein Dyna-King Barracuda Bindestock. Dieser ist voll rotierbar und verfügt zudem über eine Zentrierungsvorrichtung, um den Hakenschenkel genau einspannen zu können. Ein derartig hochwertiger Bindestock wird Haken jeglicher Form und Größe ein Leben lang ohne Spiel festklemmen.

ohne sich dabei das Kreuz zu verrenken oder die Fliege ausspannen zu müssen.

Das Metall, aus dem die Backen solcher Modelle gefertigt werden, sind in aller Regel von höherer Qualität, so daß sie sich wesentlich schwerer verformen lassen, was sich wiederum positiv auf die Fixierbarkeit eines Hakens auswirkt.

Bindestöcke aus einer hohen Preiskategorie werden zumeist speziell für die professionelle Nutzung hergestellt. Viele von diesen Modellen haben eine jahrelange, manche sogar eine lebenslange Garantie. Oftmals verfügen solche Bindestöcke auch über auswechselbare Klemmbacken, damit sämtliche Hakengrößen, angefangen bei Größe 8/0 bis Größe 26, bestmöglich fixiert werden können. Das wichtigste Merkmal eines Bindestockes sind seine Klemmbacken. Sie sollten sich deshalb vor dem Kauf vergewissern, daß diese einen Haken auch wirklich fest im Griff halten. Probieren Sie dies am besten mit den Hakengrößen aus, die Sie später am häufigsten verwenden werden. Und denken Sie immer daran, ein Bindestock ist das wichtigste und am meisten benutzte Werkzeug beim Fliegenbinden, also wählen Sie und kaufen das beste Modell, das Ihr Portemonnaie zulässt.

SCHEREN
Scheren sind ein weiteres wichtiges Werkzeug beim Fliegenbinden. Zwei Eigenschaften sollten gute Modelle stets aufweisen. Erstens müssen sie scharf bis einschließlich der Scherenspitzen sein, dies ist für spätere Feinarbeiten unerläßlich, und zweitens muß eine der beiden Klingen einen Wellenschliff aufweisen. Natürlich sollte man vor dem Kauf auch darauf achten, daß die eigenen Finger gut in Fingerschleifen passen.

BOBBINS
Bobbins mit einem Röhrchen aus Keramik funktionieren am besten. Ich persönlich habe beim Fliegenbinden stets zwei Bobbins in meiner Reichweite stehen. Einen mit feinem, dünnem Faden und einen weiteren mit dickerer Bindeseide bestückt. Andere wichtige Bobbins wären solche Modelle, deren Röhrchenenden aufgeweitet sind. Üblicherweise werden diese dafür verwandt, wenn man mit Floss arbeitet.

BODKINS
Dieses vielseitig anwendbare Werkzeug ist eigentlich nicht mehr als eine Nadel mit Griff. Bodkins werden zumeist dafür benötigt, Dubbing zurechtzurücken, das Hakenöhr zu öffnen, Kleber anzubringen. Aber auch für viele andere Tätigkeiten ist ein Bodkin extrem hilfreich. Ich persönlich bevorzuge Bodkins mit einem hexagonalen, sechskantigen Griff. Der Vorteil solcher Modell ist schnell erklärt: Sie rollen nicht. Sie kommen einem somit einerseits beim Binden nicht störend in die Quere, und andererseits können sie auch nicht „spurlos" über die Tischkante oder unter Bindematerialien verschwunden sein, wenn man sie braucht.

HECHELKLEMMEN
Hechelklemmen gibt es in den verschiedensten Formen und Abwandlungen: in Tränenform, im englischen Stil oder auch in rotierender Variante, um nur einige wenige zu nennen. Manche Klemmen verfügen über eine gepolsterte Klemmbacke, bei anderen hingegen sind beide Backen gepolstert und wiederum andere – und dies ist am häufigsten der Fall – besitzen gar keine Polster.

Gute Fliegenbinde-Scheren sind scharf bis in die Spitzen (wichtig für die Detailarbeit) und besitzen auf einer Klinge einen Wellenschliff. Vergewissern Sie sich, daß die Fingerschleifen groß genug sind für Ihre Finger.

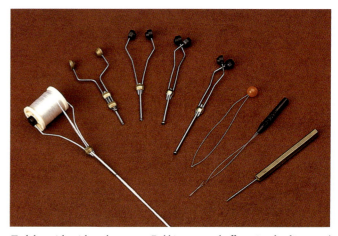

Es lohnt sich, sich mehrere gute Bobbins anzuschaffen: eins für feines und eins für dickeres Garn und ein weiteres für das Arbeiten mit Floss. Ein Bobbin-Einfädler (zweiter und dritter Gegenstand von rechts) erleichtert es, das Bindegarn durch das Röhrchen zu ziehen. Ein Bodkin (ganz rechts) findet beim Fliegenbinden viele Anwendungszwecke.

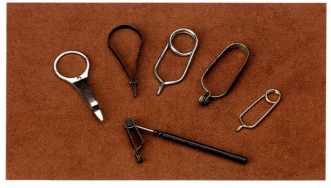

Hechelklemmen sind in vielen Variationen erhältlich, von denen auch alle gut funktionieren. Mehrere solcher Klemmen zu besitzen erweist sich durchaus als von Vorteil.

Für was für eine Variante Sie sich letztlich entscheiden, bleibt Ihnen überlassen, denn ein Modell ist genausogut wie das andere.

WEITERE WERKZEUGE:
Obwohl man zum Fliegenbinden nicht allzu viele Werkzeuge braucht, kaufen die meisten von uns doch entschieden mehr Werkzeuge als wirklich nötig. Üblicherweise wandern diese dann

in irgendeine Ecke und fristen dort ihr Dasein. Es handelt sich hierbei um ein bei Fliegenbindern und -fischern altbekanntes Leiden, die sogenannte „Geräte-Sucht" oder auch „Sammel-Sucht". Unter diesen gesammelten „grauen Mäusen" lassen sich auch einige finden, die sehr nützlich sind. Folgende Werkzeuge lassen sich dazuzählen:

- Eine Dubbing-Bürste, um Fibern aus einem Fliegenkörper hervorzukämmen.
- Ein Whip-Finisher und ein Half-Hitcher sind Werkzeuge, die den Bindefaden mittels eines Abschlußknotens am Ende eines Bindevorgangs sichern.
- Mit einem Dubbing-Twister lassen sich Fell, Wolle oder andere Materialien leichter um das Bindegarn drehen.
- Eine Bindestock-Verlängerung (vise extension) kann Ihnen helfen, daß diese näher an Ihnen dran ist und Sie auf einer angenehmeren Höhe arbeiten können.
- Eine gute Bindelampe, am besten mit fluoreszierendem Licht. Natürlich können Sie auch anderes Licht auswählen. Entscheiden Sie sich einfach für das, was Ihnen persönlich am meisten zusagt.
- Eine Rückwand (Profile plates) an Ihrem Bindestock oder Tisch angebracht, erleichtert es dem Auge ungemein, genauer zu sehen und zu begutachten, was man gerade tut.

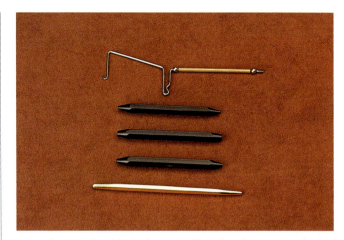

Ein Whip-Finisher (oben) oder ein Half-Hitcher (hier vier verschiedene Exemplare) werden dafür verwandt, einen Abschlußknoten anzubringen, um das Bindegarn nach Ende des Bindevorgangs zu sichern. Obwohl Sie einen solchen Knoten auch von Hand machen können, finden es viele Fliegenbinder leichter, diesen mit den erwähnten Werkzeugen zu machen.

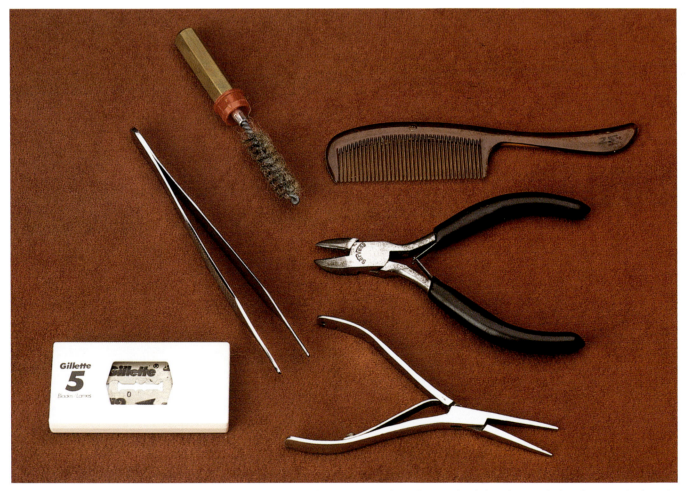

Es gibt eine Vielzahl an Bindewerkzeugen, die man nicht unbedingt benötigt. Unter diesen lassen sich jedoch auch einige finden, die einem durchaus das Fliegenbinder-Leben erleichtern (im Uhrzeigersinn von unten links): Rasierklingen, extrafeine Pinzette, ein Dubbing-Bürste, ein feingezahnter Kamm, ein kleiner Seitenschneider und eine kleine Flachzange.

KAPITEL 2

Das Binden von Naßfliegen

Bevor wir damit beginnen, unsere erste Fliege zu binden, gibt es ein paar Dinge, die Sie noch wissen müssen. Einen Haken richtig in Ihren Bindestock einzuspannen, den Faden am Haken anzubringen und den Faden zu sichern, um eine Fliege zu beenden, sind Fähigkeiten, die Sie bei jedem Muster anwenden müssen. Einige Fliegen, die wir binden werden, besitzen einen Körper aus Dubbing. Da sowohl das Dubbing-Material (Wolle) als auch die Methode, die ich benutze, Ihnen fremd sein könnten, werden wir uns auch in einem kurzen Überblick mit den Grundlagen meiner Dubbing-Technik beschäftigen.

EINSPANNEN DES HAKENS

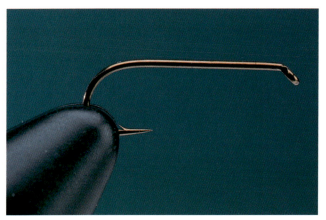

Spannen Sie den Haken so in die Klemmbacken ein, daß der Hakenschenkel horizontal steht. Vergewissern Sie sich, daß Sie genügend Hakenbogen zwischen den Backen eingespannt haben, das ist wichtig für den festen Halt des Hakens. Ich persönlich bevorzuge es, den Haken so einzuspannen, daß der Widerhaken noch komplett zu sehen ist, während der Rest vom Hakenbogen möglichst von den Backenklemmen verdeckt und gehalten wird.

ANLEGEN DES FADENS

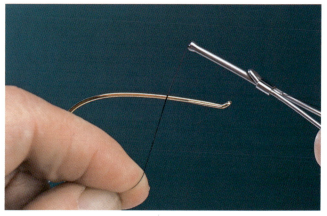

1. Nehmen Sie den Bobbin in Ihre rechte Hand, und greifen Sie den Faden mit dem linken Daumen und Zeigefinger. Ziehen Sie nun einige Zentimeter Faden vom Bobbin. Anschließend legen Sie den Faden so auf die Oberseite des Hakenschenkels, daß die Hand mit dem Bobbin weiter von Ihrem Körper weg ist, als die Hand die den Faden hält. Der Haken und der Faden müßten so nun ein Kreuz ergeben. Halten Sie den Faden straff.

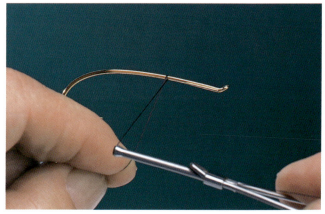

2. Machen Sie nun eine Windung mit dem Bobbin um den Hakenschenkel. Führen Sie hierbei den Bobbin zunächst auf der (von Ihnen aus gesehenen) Rückseite des Hakenschenkels nach unten und dann unterhalb des Schenkels nach vorne (zu Ihnen hin). Von der Front des Hakens aus gesehen, bewegt sich der Faden also in einer Rechtsdrehung um den Hakenschenkel. Dies ist die Standard-Wicklung beim Fliegenbinden.

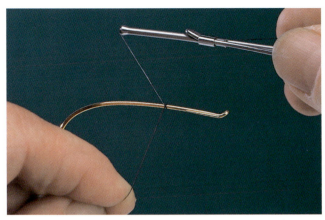

3. Vollführen Sie nun eine weitere Wicklung um den Haken und zwar so, daß sich der Faden auf der Oberseite des Schenkels überschneidet. Der Faden, mit dem Sie arbeiten, legt sich auf das Fadenende, das Sie in der linken Hand halten. Der Faden bindet sich somit selbst an dem Hakenschenkel fest. Sollten Sie den kompletten Faden stets auf Spannung halten, dürfte es keine Schwierigkeiten geben, den Faden am Haken anzulegen.

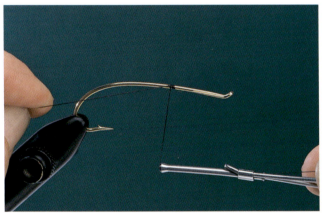

4. Nachdem Sie noch einige weitere Windungen gemacht haben, führen Sie das Fadenende in der linken Hand in einem 30-Grad-Winkel dicht an den Schenkel heran. Und immer daran denken: Beide Fäden stramm halten. Nun wickeln Sie den Faden aus dem Boobin dicht an dicht in Richtung Hakenbogen – um den Hakenschenkel und damit gleichzeitig auch um das Fadenende.

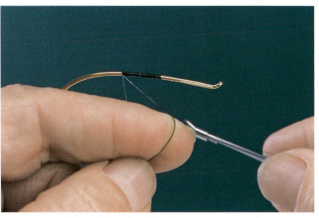

5. Wenn Sie den Hakenschenkel Ihrer Meinung nach genügend oft umwunden haben, entfernen Sie den noch überschüssigen Teil des Fadenendes, den Sie in Ihrer linken Hand halten. Hierfür führen Sie den Bobbin auf die von Ihnen abgewandte Seite des Hakenschenkels – und dabei immer Spannung auf dem Faden lassen. Anschließend machen Sie mit Ihrer linken Hand einen schnellen Ruck in Richtung Hakenöhr. Der überschüssige Faden wird dann an der von Ihnen zuletzt gemachten Windung reißen.

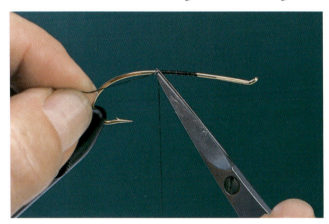

6. Ein anderer Weg, das Fadenende zu entfernen, wäre, es einfach mit einer Schere abzuschneiden. Es abzubrechen spart ein wenig Zeit, da Sie nicht erst eine Schere auswählen müssen. Das Fadenende mit einer Schere abzutrennen, ist speziell bei dickerem Garn wesentlich einfacher.

DUBBING-HERSTELLUNG

Fliegenkörper lassen sich aus vielen verschiedenen Materialien herstellen, aber annähernd alle diese Materialien lassen sich mit ein bis zwei Techniken auf den Haken binden. Die bekannteste Methode ist zweifellos, das Material am Haken anzulegen und es anschließend um den Schenkel zu winden. So gehen Sie vor, wenn Sie beispielsweise mit Chenille, Garn, Floss oder Tinsel arbeiten.

Die zweite Möglichkeit ist das sogenannte Dubben und funktioniert wie folgt: Fell, Wolle oder ähnliche Materialien werden um den Bindefaden geflochten, und dann wird der gedubbte Faden um den Hakenschenkel gewunden. Dies ist die älteste und gleichzeitig wichtigste Fliegenbinde-Technik.

Viele der in diesem Buch aufgeführten Fliegen haben einen solch gedubbten Körper. Um Wool-Dubbing herstellen zu können, benötigen Sie zwei Drahtbürsten, mit denen Sie später das lange Tierhaar durchbürsten. Solche Bürsten bekommen Sie in jedem Tierfachgeschäft. Kaufen Sie sich Bürsten, die Edelstahldrähte besitzen.

Weiterhin brauchen Sie natürlich noch Wolle, die Sie gegerbt und noch auf der Haut sitzend, kaufen können. Fliegenfischergeschäfte und Versandhäuser bieten solche Fellstücke in verschiedenen Farben an. Fast alle meiner Naß- und Trockenfliegen und Nymphen besitzen einen aus Wolle gedubbten Körper. Ich werde oft gefragt: „Sorgt die Wolle nicht dafür, daß die Trockenfliege untergeht?" Meine Antwort ist stets die gleiche: „Ja, aber ich benutze Dry-Fly Floatant auf meinen Trockenfliegen." Wenn Sie Ihre Trockenfliege nicht in einen solchen wasserabweisenden Schutz (Dry-Fly Floatant ist in kleinen Flaschen im Handel erhältlich) einhüllen, würde sie Wasser aufsaugen und sinken, völlig egal, aus welchem Material der Körper nun letztlich gebunden ist. Ich persönlich bevorzuge Wolle aus dem Grund, weil sie sich leicht verarbeiten läßt.

Wenn Sie einen Wollflicken kaufen, achten Sie darauf, daß die Haare in etwa fünf Zentimeter lang sind. Außerdem sollten Sie das Haar anfassen, bevor Sie es mit nach Hause nehmen. Gute Wolle ist sehr weich und hat ein feines Gewebe.

Dubbing ist einerseits von den unterschiedlichsten Tieren erhältlich, und andererseits gibt es auch künstlich hergestelltes. Die bekanntesten natürlichen Felle stammen von Bisamratten, Bibern, Kaninchen, Waschbären und Füchsen, aber wie schon gesagt, es gibt viele, viele mehr. Die weitverbreiteste und meist angewandteste Kunstfaser dürfte Antron sein, allerdings ist dieses auch nur eines von vielen künstlich hergestellten Dubbings. Ich selbst arbeite lieber mit natürlichen Haaren, da es einfacher zu verarbeiten und zudem auch ausdauernder ist als künstliches. Wolle können Sie in den verschiedensten Farben kaufen. Wenn Sie farblich unterschiedliche Felle besitzen, besteht für Sie auch die Möglichkeit, die Dubbings miteinander zu mischen und so neue Farbvarianten zu kreieren. Selbstverständlich können Sie auch natürliche Wolle mit synthetischen Fasern verknüpfen, um zum Beispiel funkelndes Dubbing zu erhalten. Wie das funktioniert zeige ich Ihnen in Kürze. Zunächst sollten wir uns aber einmal anschauen, wie man Woll-Dubbing herstellt.

1. Im wesentlichen brauchen Sie zwei Drahtbürsten, um die Wolle zu durchbürsten. Achten Sie darauf, daß die Drähte aus Edelstahl hergestellt sind.

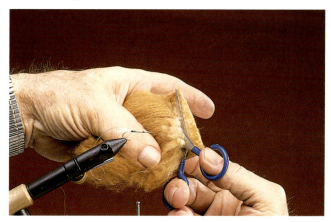

2. Schneiden Sie die Wolle so nah wie möglich am Leder ab. Zerschneiden Sie die Wolle nicht in einzelne Stücke, da Sie möglichst lange Fibern brauchen.

3. Plazieren Sie ein kleines Stück der abgeschnittenen Wolle auf eine der beiden Bürsten. Legen Sie dann die zweite Bürste auf die erste; die Anordnung müßte nun wie ein „Bürsten-Wolle-Sandwich" aussehen. Drücken Sie nun die Bürsten gegeneinander, und ziehen Sie sie in unterschiedliche Richtungen, so daß die Bürstendrähte die Wollfibern voneinander trennen können.

BINDEN VON NASSFLIEGEN

4. Wiederholen Sie diesen Vorgang so lange, bis die Fibern getrennt sind und Sie zwei neue, einzelne Wollbüschel erhalten. Das ist zunächst einmal alles, was Sie tun müssen. Das Bindematerial ist nun vorbereitet, um es weiterzuverarbeiten.

HERSTELLUNG EINES DUBBING-FADENS

Nachdem Sie die Wolle nun durchgekämmt haben, werden Sie bemerken, daß Fasern über den Rand der Bürste hinausstehen. Wenn Sie etwas Material von der Bürste ziehen möchten, greifen Sie es hierfür an den Spitzen. Wenn Sie diese langen Fibern auf diese Art und Weise von der Bürste ziehen, werden diesen weitere Fasern folgen.

Wieviel Wolle Sie benötigen, das hängt von der Größe der Fliege ab, die Sie binden. Mit ein wenig Übung werden Sie lernen, die richtige Menge für einen Haken auszuwählen.

1. Ziehen Sie ein wenig Wolle von der Bürste. Sie brauchen nicht allzu viel Material. Greifen Sie deshalb nur die Spitzen der Fasern und ziehen dann ein kleines Büschel heraus.

2. Mit dem Bobbin in Ihrer linken Hand, halten Sie nun den Bindefaden weg vom Hakenschenkel. Dabei aber Spannung auf dem Faden lassen. Positionieren Sie dann das Dubbing mit Ihrem rechten Daumen und Zeigefinger an dem Faden. Bringen Sie anschließend die Dubbing-Fibern an dem Faden an, indem Sie Ihren rechten Daumen und Zeigefinger erst gegeneinander drücken und dann in eine Richtung gegeneinander reiben. Drehen Sie das Dubbing immer nur in eine Richtung, bewegen Sie beim Reiben Ihren Daumen und Zeigefinger nicht vor und zurück. Von oben betrachtet wird das Dubbing immer gegen den Uhrzeigersinn am Faden angebracht.

3. Nachdem Sie nun das Dubbing am Faden angebracht haben, gehen Sie mit Ihrem rechten Daumen und Zeigefinger auf dem Bindefaden weiter nach unten, bis Sie den Bobbin mit Ihrer Handwurzel erreicht haben. Drücken Sie das Dubbing fest an den Faden. Nur andrücken, nicht mit diesem verdrehen. Greifen Sie nun noch den Bobbin mit Ihren drei freien Fingern der rechten Hand, und beginnen Sie jetzt damit, den Faden mit der Wolle um den Hakenschenkel zu winden. Wenn Sie das Dubbing um den Faden wickeln, lassen Sie zwischen Ihrem rechten Daumen und Zeigefinger Abstand, indem Sie sie in Richtung Hakenschenkel halten. Damit vermeiden Sie, daß Sie während des Dubbens mit Ihren Fingerspitzen an dem Dubbing reiben und es somit wieder vom Faden ziehen.

Nachdem Sie einige Windungen mit dem gedubbten Faden gemacht haben, werden Sie feststellen, daß sich die Wolle nun von allein um den Bindefaden wickelt. Wenn sich das Dubbing strammer um den Faden wickeln soll, beispielsweise, wenn Sie einen schlankeren Körper binden möchten, müssen Sie das Dubbing und den Faden dichter am Hakenschenkel halten, während Sie die Wicklungen machen. Für einen lockeren, wuscheligeren Körper halten Sie das Dubbing und den Faden einfach weiter vom Schenkel entfernt fest. Eine allgemein gültige Regel ist: Je kleiner der Haken, desto näher halten Sie Ihren Daumen und Zeigefinger zum Hakenschenkel. Und je größer der Haken, desto weiter müssen Ihr Daumen und Zeigefinger vom Hakenschenkel entfernt sein.

Wir werden uns diese Methode später im Buch noch einmal genauer anschauen.

DUBBING MIT GLITZEREFFEKT

Antron-Fasern sind in vielen verschiedenen Farbvariationen erhältlich, sie sind auch unter dem Namen Sparkle Yarn bekannt. Dieses Material, als Dubbing verarbeitet, sorgt dafür, daß die Fliege ein funkelndes Aussehen verliehen bekommt, denn es reflektiert das Licht.

Um Ihrem Dubbing auch einen solch strahlenden Effekt zu geben, müssen Sie nur Folgendes tun: Schneiden Sie einen etwa 2,5 mal 2,5 Zentimeter großen und etwa einen halben Zentimeter langen Strang Antron ab. Legen Sie die Stücke auf eine Ihrer Drahtbürsten. Anschließend reiben Sie die beiden Bürsten so gegeneinander, wie Sie es auch bei der Verarbeitung von Wolle tun würden. Hierdurch werden die Fibern voneinander getrennt. Kämmen Sie danach das Antron-Garn nochmals und geben es im Anschluß zu Ihrer Dubbing-Wolle. Wieviel glitzerndes Material Sie Ihrer Wolle hinzufügen, das bleibt Ihnen überlassen.

ABSCHLUSSKNOTEN (DER HALF HITCH)

Dieser Knoten sichert den Faden, wenn Sie eine Fliege fertiggebunden haben. Nachdem Sie zwei oder drei Half-Hitches am Köpfchen der Fliege plaziert haben, können Sie den Bindefaden abtrennen, alles mit einem Tropfen Lack sichern und danach mit dem Binden einer neuen Fliege beginnen. Die Fliege auf den folgenden Bildern ist eine recht komplizierte Maus-Imitation, aber selbstverständlich können Sie einen Half-Hitch auch an jedem anderen Muster anbringen.

1. Halten Sie den Bobbin mit der linken Hand auf der Ihnen zugewandten Seite des Hakens. Ziehen Sie nun etwa 25 Zentimeter Faden vom Bobbin ab. Führen Sie nun den Bobbin so zu Ihrem Körper, daß zwischen dem Faden und dem Hakenschenkel ein 45-Grad-Winkel entsteht.

2. Plazieren Sie Ihren rechten Zeige- und Mittelfinger in Form eines „V" auf dem Bindefaden.

3. Heben Sie den Bobbin über den Haken.

4. Drehen Sie nun Ihren Daumen und Zeigefinger so in Ihre Richtung, daß die Fingerballen zu Ihnen zeigen. Nachdem Sie die Finger nun gedreht haben, führen Sie den Bobbin wieder auf der Ihnen zugewandten Hakenseite nach unten. Halten Sie den Bobbin dicht an den Haken. Anschließend bringen Sie Ihren Zeigefinger vor das Hakenöhr. Der Faden muß nun, wie auf dem Bild zu sehen, sich selbst überkreuzen.

5. Plazieren Sie jetzt den Faden, der um Ihren Zeigefinger läuft, hinter dem Öhr. Senken Sie danach Ihren Zeigefinger so, daß der Faden unter dem Haken und an der am weitesten vom Öhr entfernten Köpfchenwindung entlangläuft. Heben Sie dann Ihren Finger so lange an, bis Ihre Hand die Stellung erreicht hat, die auf dem Bild zu sehen ist.

6. Ziehen Sie nun Ihren Mittelfinger aus der Fadenschlaufe. Belassen Sie Ihren Zeigefinger in der Schlaufe. Achten Sie darauf, daß Sie die gesamte Zeit über die Spannung auf dem Faden halten.

7. Legen Sie Ihren Mittelfinger auf die von Ihnen angewandte Seite des Köpfchens, um den Faden am Platz zu halten. Klemmen Sie anschließend die Schlaufe zwischen Ihren Daumen und Zeigefinger, und führen Sie sie zum Hakenöhr. Jetzt können Sie die Schlaufe mit Ihrem Daumen und Zeigefinger zum Köpfchen führen, während Sie den Bobbin in Ihre Richtung ziehen, um den Knoten zusammenzuziehen. Damit ist der Half-Hitch beendet. Lassen Sie dem ersten Half-Hitch noch ein bis zwei weitere folgen, bevor Sie den Bindefaden abtrennen und mit einem Tropfen Lack das Köpfchen sichern.

Wenn Sie ein Anfänger sein sollten, üben Sie zunächst, den Faden am Haken anzubringen, ihn anschließend um den Haken zu winden und dann mit mehreren Half-Hitches abzuschließen. Das A und O beim Binden ist es, die Kontrolle über den Faden zu behalten. Wenn Sie das beherrschen, wird es für Sie möglich sein, ordentliche und vor allem sehr haltbare Fliegen zu binden.

DIE GRIZZLY HACKLE

Unsere erste Fliege wird Ihnen einige Dinge beibringen: Erstellen und Einbinden eines Schwänzchens, Winden eines Körpers und das Wickeln einer Naßfliegenhechel. In der Materialliste spezifiziere ich zuerst die in den Fotos gezeigten Materialien und dann, in Klammern dahinter, weitere Möglichkeiten oder Ersatzmaterialien. Dies gibt Ihnen etwas Spielraum beim Wählen von Materialien. Die meisten Materiallisten in diesem Buch folgen diesem Prinzip.

Die Grizzly Hackle

Haken:	Naßfliegenhaken, Größe 8, 1 x lang
Faden:	12/0, schwarz, gewachst (prewaxed) (oder 6/0 oder 8/0, schwarz, gewachst)
Schwanz:	Hahnhechel-Fibern, grizzly (oder Sattelhechel oder sogenannte Schlappen, grizzly)
Körper:	Chenille, schwarz, fein (oder Woll-Dubbing)
Hechel:	Hahnhechel, grizzly (oder Sattelhechel, grizzly)

1. Wählen Sie eine Naßfliegenhechel. Nehmen Sie eine mit möglichst vielen weiche Fibern.

2. Streifen Sie den Flaum vom Ende der Feder.

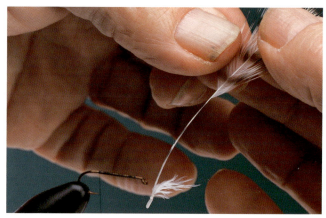

3. Halten Sie die Feder an ihrer Spitze fest, und wählen Sie die Menge an Fibern aus, die Sie für das Schwänzchen benötigen.

4. Greifen Sie das ausgewählte Material fest und ziehen es vom Hechelstamm ab.

BINDEN VON NASSFLIEGEN ■ 11

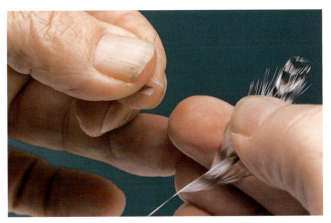

5. Die Fibern sollten in einem ordentlichen Bund und mit möglichst gleichmäßigen Spitzen abgezogen werden.

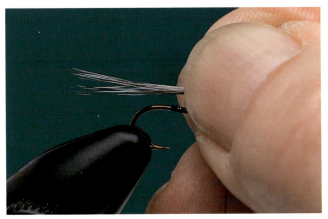

6. Greifen Sie die Fibernenden mit Ihrem rechten Daumen und Zeigefinger. Halten Sie nun die Hechelfibern über den Hakenschenkel und in Nähe des Hakenbogens.

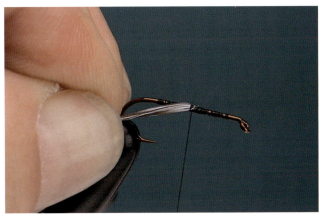

7. Fassen Sie die Fibern mit Ihrem linken Daumen und Zeigefinger. Führen Sie nun den Faden über die Oberseite des Hakens und bringen ihn auf der von Ihnen abgewandten Hakenseite nach unten. Spannen Sie den Faden, indem Sie den Bobbin nach unten ziehen. Nachdem Sie den Faden gestrafft haben, drücken Sie die Fibern gegen den Hakenschenkel und Ihren Zeigefinger gegen den Haken. Dies verhindert, daß das Schwänzchen zu der von Ihnen abgewandten Hakenseite verrutscht. Halten Sie den Bindefaden bei Überwinden der Fibern gestrafft. Lockern Sie den Griff Ihres linken Daumen und Zeigefingers, während Sie die Fibern überwickeln, und führen Sie Ihre Finger zu den Fibernspitzen.

8. Wenn Sie auf Höhe des Widerhakens angekommen sind, winden Sie den Faden nach vorne, also in Richtung des Hakenöhrs.

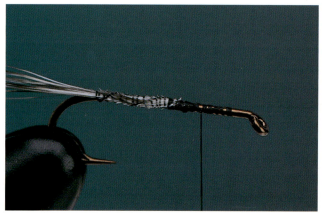

9. Wickeln Sie den Faden bis ungefähr zur Mitte des Hakenschenkels. Die Schwänzchen-Fibern sollten nun bis zu ihren Enden ordentlich eingebunden sein (siehe Foto).

10. Der Körper wird aus feiner Chenille gemacht. Schneiden Sie sich ein 10 bis 15 Zentimeter langes Stück Chenille ab.

11. Benutzen Sie jetzt Ihren Daumennagel, um eines der beiden Enden des Chenilles von den Flusen zu befreien.

12. Binden Sie die Chenille mit der abgestreiften Seite auf Höhe des Bindefadens ein. Nachdem die Chenille eingebunden wurde, führen Sie den Faden bis auf ein, zwei Millimeter vor das Hakenöhr.

13. Winden Sie nun die Chenille in Richtung Hakenbogen. Beenden Sie diese Wicklungen dort, wo die letzte Fadenwicklung das Schwänzchen sichert.

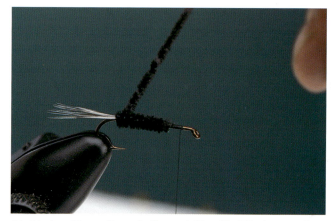

14. Machen Sie an dieser Stelle zwei Chenille-Windungen übereinander, und führen Sie sie anschließend dicht an dicht gebunden wieder nach vorne.

BINDEN VON NASSFLIEGEN ▪ 13

15. Beenden Sie die Wicklungen auf Höhe des Bindefadens, also ein bis zwei Millimeter vor dem Hakenöhr. Sichern Sie es nun mit mehreren Windungen des Bindefadens.

16. Mit den Spitzen Ihrer Schere wird jetzt die übrige Chenille abgeschnitten. Seien Sie hierbei sorgfältig, damit Sie nicht versehentlich den Faden durchtrennen.

17. Nehmen Sie sich anschließend eine Hechelfeder zur Hand, die große, weiche Fibern besitzt. Entfernen Sie den Flaum vom Ende des Hechelstammes. Spreizen Sie die Fibern an der Stelle auf dem Hechelstamm auseinander, an der Sie die Feder später auf dem Haken einbinden wollen. Anschließend positionieren Sie die Hechel kurz hinter dem Hakenöhr und machen zwei Windungen mit dem Bindefaden über die freigelegte Stelle des Hechelstammes.

18. Machen Sie jetzt Ihre dritte Windung vor und anschließend die vierte hinter dem Hechelstamm. Biegen Sie danach die Hechel mit ihren Spitzen vorsichtig in Richtung Hakenbogen und winden einige Male den Faden über die Hechel-Einbindestelle. Dies sichert die Feder so gut, daß sie später nicht aus den zuvor gemachten Windungen herausrutschen kann. Schneiden Sie anschließend den nach vorne überstehenden Hechelrest ab. Machen Sie nun noch eine Windung, um den Faden direkt hinter das Hakenöhr zu bringen.

19. Fangen Sie nun an, die Hechel um den Haken zu winden. Erst nach hinten, dann nach unten und wieder nach vorne und oben führen. Machen Sie die Wicklungen so, daß jede Windung vor die andere geführt wird.

14 ■ FLIEGENBINDEN

20. Beenden Sie diese Wicklungen, wenn Sie mit der Hechel das Öhr erreicht haben.

22. Streifen Sie anschließend die Fibern nach hinten, und dann führen Sie den Faden mit einigen Wicklungen wieder nach vorne zum Öhr. Schneiden Sie den Überschuß der Feder ab, und formen Sie danach mit mehreren Wicklungen das Köpfchen der Fliege. Sichern Sie im Anschluß den Faden mit drei Half-Hitches.

21. Sichern Sie den Hechelstamm mit einer Windung, und dann legen Sie ihn vorsichtig nach hinten, Richtung Hakenbogen, um. Beginnen Sie nun, den Faden zwischen den Fibern um den Haken zu winden. Sie sichern somit den Federstamm ein drittes Mal.

23. Schneiden Sie nun den Faden ab, sichern das Köpfchen noch mit einem Tropfen Lack, und fertig ist Ihre Grizzly Hackle!

DIE PASS LAKE

Zu Beginn eines Frühlings fuhren meine Freundin Carla und ich zum Brule River im Norden Wisconsins. Wir erreichten den Fluß zu Tagesanbruch und wurden sogleich von einigen bedrohlich dunkel ausschauenden Wolken willkommen geheißen. Mich störte das wenig, denn ich liebe es, bei bedecktem Himmel zu fischen. Mit einem Funkeln in den Augen gingen Carla und ich sodann am Flußrand entlang und genossen die Witterung und den herrlichen Anblick der Natur. Leichter Nieselregen setzte ein. Welch wundervoller Frühjahrsmorgen zum Fliegenfischen, sagte ich noch zu mir selbst. Doch dann brachen plötzlich anscheinend sämtliche Dämme des Himmels, und der Regen prasselte so heftig auf uns nieder, als ob jemand ein randvolles Wasserfaß über uns ausschüttete. Wir suchten schnellstmöglich Schutz in einem Kieferdickicht, schließlich wollten wir nicht komplett durchnäßt sein und aus allen Löchern triefen, bevor wir einen einzigen Wurf getan hatten. Carla bemerkte zuerst, daß sich der Regen ein wenig abschwächte. „Laß uns den Fluß in Richtung Auto abfischen. Sollte es wieder anfangen zu gießen, könnten wir unseren Rückweg möglichst kurz halten", sagte sie. So machten wir es. Nachdem wir unsere nasse Kleidung in trockene umgetauscht hatten, gingen wir flußabwärts. Carla wollte wieder dort am Strom einsteigen, wo wir zuvor aufgehört hatten zu fischen. Ich brachte meine Leine ein Stück oberhalb von ihr aus. Ich fischte mit einer Pass Lake der Größe 8. Bereits nach einigen Würfen bekam ich Kontakt. Aber es war kein übliches „Platsch", mit dem der Fisch die Fliege nahm. Es hörte sich eher an – und verzeihen Sie mir bitte diese Beschreibung – es hörte sich an wie eine Toilettenspülung, ein tiefes „Wosch" hallte über den Fluß. Dieses ungewöhnliche Geräusch, mit dem dieser Fisch meine Fliege attackierte, weckte Carlas Aufmerksamkeit. Nachdem sie rasch ihre Schnur eingeholt hatte, wandte sie sich um und blickte zu mir herüber, um dieses Spektakel in aller Ruhe verfolgen zu können. Ich stand bis zur Taille im schnell fließenden Wasser und fing langsam an zu begreifen, daß ich wohl größere Schwierigkeiten bekommen dürfte, diesen Fisch einfach so zu landen. Nach und nach gewann ich jedoch mehr Schnur auf meine Spule zurück. Als der Fisch nah genug war, griff ich nach hinten zu meinem Kescher. Doch ich griff ins Leere – weil mein Kescher seit dem Kleidungswechsel im Auto lag. Ich hatte ihn schlichtweg vergessen. Nun war guter Rat teuer, denn es war klar, daß ich diesen Fisch nicht ohne Kescher würde landen können, erst recht nicht in diesem schnell fließenden Wasser. Ich bat daraufhin Carla, zurück zum Auto zu laufen und mir meinen Kescher zu holen. Während sich Carla auf den Weg machte, versuchte ich in der Zwischenzeit, den Fisch in flacheres Wasser zu führen. Nach einigen weiteren Fluchten war es dann auch endlich soweit. Ich hatte festen Stand im Wasser und der Fisch war in einer günstigen Position, um ihn keschern zu können. Carla gab mir mein Netz. Aber genau in diesem Moment mobilisierte der Fisch seine letzten Kraftreserven und sprang mit einer unglaublichen Energieleistung aus dem Wasser. Unglaublich deshalb, weil er mir direkt über meine rechte Schulter gesprungen ist! Und ich schwöre Ihnen, dies ist kein Anglerlatein! Ich war in jenem Augenblick völlig perplex und wie in Trance. Erst ein kräftiger Ruck an meiner Rute holte mich zurück auf diesen Planeten. Der Fisch war noch da und ich konnte ihn letztendlich auch landen. Er maß über 50 Zentimeter und hatte das typische Aussehen einer wilden Brule River-Forelle: wohlgenährt und kräftig. Die Pass Lake hat mir wieder einmal ein unvergeßliches Angelerlebnis gegönnt.

Die Pass Lake

Haken:	Naßfliegenhaken, Größe 6 bis 16, 1 x lang
Faden:	12/0, schwarz, gewachst (oder 6/0 oder 8/0, schwarz; Größe 3/0 bei größeren Mustern)
Schwanz:	Hechelfibern, schwarz
Körper:	Chenille, fein, schwarz, (extrafeines bei kleineren Mustern; medium bei mittelgroßen Mustern)
Flügel:	Körperhaar vom Kalb, weiß (Kalbsschwanz bei größeren Mustern)
Hechel:	Fibern vom Hennen-Kragen (hen-neck) (oder von einer Sattelhechel oder Schlappen)

1. Binden Sie das Schwänzchen genauso, wie Sie es schon bei der Grizzly Hackle Naßfliege getan haben. Nachdem Sie es gebunden haben, winden Sie den Faden etwa eineinhalb Öhr breit vor das Öhr. Das Chenille dort einzubinden sorgt dafür, daß sich die Fliege nach vorne verjüngt und somit der Flügel später dichter am Körper anliegt. Wenn Sie lieber einen höher gestellten Flügel haben möchten, verlegen Sie die Einbindestelle des Chenilles ein wenig nach vorn. Winden Sie den Körper, wie Sie es bereits von der Grizzly Hackle kennen.

2. Greifen Sie mit Ihrem linken Daumen und Zeigefinger soviel Haar, wie Sie für die Flügel benötigen. Ich halte den Mittelfinger meiner rechten Hand während des Aussuchens und Abschneidens des Haares unter das Fellstück; somit habe ich etwas, wogegen ich meinen linken Daumen und Zeigefinger drücken kann, um einen festeren Halt zu bekommen. Drücken Sie nun das Fellstück gegen den Mittelfinger Ihrer rechten Hand, und dann schneiden Sie die ausgewählte und festgehaltene Haarmenge ab. Ziehen Sie die Haare während des Schneidens mit leichtem Zug weg vom Fellstück – aber ziehen Sie nicht zu stark, nur so, daß zwischen dem Fellstück und Ihren Fingern genügend Platz ist, damit Sie sich nicht mit der Schere schneiden.

4. Halten Sie nun das Haarbüschel am unteren Ende mit Ihrem rechten Daumen und Zeigefinger fest. Zupfen Sie anschließend an den Haarspitzen die zu langen und zu welligen Haare aus dem Büschel. Seien Sie nicht beunruhigt, sicherlich reduzieren Sie hierdurch die Haarmenge, aber Sie können davon ausgehen, daß Sie momentan mehr Haare festhalten, als Sie bräuchten. Mit den Haarenden zwischen Ihrem rechten Daumen und Zeigefinger legen Sie nun das Büschel so auf die Oberseite des Hakenschenkels, daß sich Ihr Daumen auf der Ihnen zugewandten Seite befindet. Messen Sie jetzt die nötige Länge für den Flügel ab. Die Länge sollte ungefähr dem Abstand zwischen der Vorderseite des Hakenöhrs und dem Hakenbogen entsprechen.

3. Nachdem Sie das Haar abgeschnitten haben, entfernen Sie den Flaum und zu kurze Fibern aus dem unteren Teil des Haarbüschels. Hierfür halten Sie das Haarbüschel auf mittlerer Höhe fest und ziehen dann mit Ihrer rechten Hand die zu kurzen Fibern und den Flaum einfach nach unten weg.

5. Sobald Sie die richtige Länge gefunden haben, fassen Sie das Haar mit Ihrem linken Daumen und Zeigefinger. Ihr Daumennagel markiert nun die Einbindestelle.

BINDEN VON NASSFLIEGEN ▪ 17

6. Schneiden Sie die Haare direkt vor Ihrem Daumen ab. Wenn Sie die Haare erst nach dem Einbinden abschneiden, könnte dies dazu führen, daß dadurch die Ausrichtung und Form des Flügels beeinträchtigt wird.

7. Legen Sie das Haar nun so auf der Oberseite des Hakenschenkels, daß die Haarenden mit dem Anfang des Hakenöhrs abschließen. Halten Sie das Haar jetzt in Position und bringen einen kleinen Tropfen Lack unter den Haarenden an. Dieser sorgt einerseits dafür, daß sich die Haare nicht auseinanderspreizen und andererseits, daß auch die unteren Haare mit Lack gesichert werden. Machen Sie eine Windung mit dem Faden um das Haar und den Hakenschenkel. Pressen Sie währenddessen mit leichtem Druck das Haar zusammen, so daß es in Position gehalten wird. Anschließend machen Sie eine zweite Wicklung und drücken hierbei das Haar mit dem linken Daumen und Zeigefinger leicht nach unten, um das Haar zu sichern.

8. Binden Sie das Haar nun endgültig mit einigen festen Windungen, dicht am Hakenöhr geführt, ein.

9. Suchen Sie sich jetzt eine passende Feder für die Barthechel. Zupfen Sie dann aus dieser die für die Hechel benötigten Fibern. Positionieren Sie die Fibern auf der Unterseite des Hakens mit Ihrem rechten Daumen und Zeigefinger. Die Fibern sollten hierbei ein wenig über das Hakenöhr hinausstehen.

10. Wenn Sie die richtige Länge gefunden haben, wechseln Sie die Hand und halten die Fibern nun mit dem linken Daumen und Zeigefinger fest. Danach schneiden Sie diese so ab, daß sie mit dem Hakenöhr abschließen. Schneiden Sie die Fiberenden jedoch nicht zu kurz ab, da sonst die Gefahr besteht, daß Sie die Fibern nicht mehr fest genug halten können und verlieren.

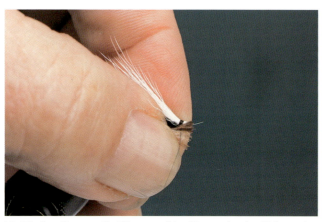

11. Binden Sie nun die Fibern auf der Unterseite des Hakens ein, und zwar genau auf Höhe der Einbindestelle des Flügels.

12. Die Hechel ist plaziert. Jetzt beenden Sie den Bindevorgang mit einem Abschlußknoten, schneiden den Faden ab und sichern alles mit einem Tropfen Lack.

DIE ROYAL COACHMAN WET

Die Royal Coachman ist seit vielen, vielen Jahren eine sehr beliebte Reizfliege unter den Fliegenfischern. Aber ihre Beliebtheit und ihre lange Tradition ist nicht der alleinige Grund, weshalb ich sie hier aufführe. Vielmehr liegt der Grund darin, daß ich Ihnen zeigen möchte, wie man mit Pfauenfedern (Pfauengras) und Federschwingen arbeitet, denn diese Techniken werden Sie bei vielen traditionellen Naßfliegen wiederfinden.

Die Royal Coachman Wet

Haken: Naßfliegenhaken, 1 x lang, Größe 8 bis 16
Faden: 10/0, schwarz
Schwanz: Kragenfedern vom Goldfasan oder Hechelfibern, braun (wie auf Foto 2)
Körper: Pfauengras, rotes Floss, Pfauengras
Hechel: Sattelfedern, braun
Flügel: Gänsefeder, weiß

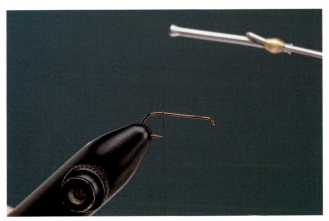

1. Binden Sie den Faden auf Höhe der Hakenspitze ein. Winden Sie danach den Faden auf die Höhe des Punktes zwischen Widerhaken und Hakenspitze zurück und schneiden oder brechen das überstehende Fadenende ab.

2. Wählen Sie eine Hechelfeder aus und trennen so viele Fibern von den anderen ab, wie Sie für das Schwänzchen benutzen möchten. Ziehen Sie dann die separierten Fibern vom Federstamm.

3. Halten Sie das Büschel mit Ihrem linken Daumen und Zeigefinger in Position über den hinteren Bereich des Hakens. Anschließend bringen Sie den Faden zunächst nach oben und führen ihn dann zwischen Daumennagel und Fibernenden über den Haken. Danach führen Sie ihn auf der von Ihnen abgewandten Seite des Hakens wieder nach unten.

4. Straffen Sie nun den Faden, indem Sie den Bobbin nach unten ziehen. Lassen Sie dieser ersten Windung anschließend noch einige weitere folgen. Führen Sie hierbei den Faden zunächst nach vorne und dann wieder nach hinten. Beenden Sie die Windungen vor der letzten Wicklung, die das Schwänzchen sichert.

5. Nehmen Sie nun einen Fiberstrang einer Pfauenfeder (Pfauengras) zur Hand. Ich persönlich bevorzuge Fiberstränge, die möglichst dicht vor dem Pfauenauge sitzen, da diese besonders feine Fibern besitzen.

6. Vergewissern Sie sich, daß sich alle Fibern der Strähne zu einer Seite neigen. Binden Sie nun das Pfauengras so auf den Haken, daß die Fibern nach unten zeigen. Dies sorgt dafür, daß das Hinterteil der Fliege eine rundliche Form erhält. Sichern Sie die Feder mit weiteren Windungen nach vorne, die Sie circa auf Höhe der Hakenspitze beenden.

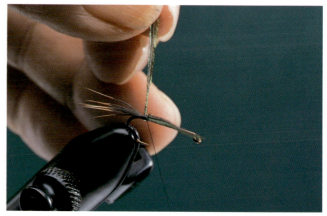

7. Schauen Sie sich nun einmal den Platz zwischen der Einbindestelle des Pfauengrases und der letzten Wicklung, die die Schwanzfibern sichert, genauer an. Dieser Raum hilft zu verhindern, daß die Feder beim späteren Umwinden ungewollt abreißt.

8. Winden Sie nun die Feder im Uhrzeiger (von vorne auf die Hakenspitze gesehen) um den Haken. Machen Sie die erste Windung in Richtung Hakenbogen. Machen Sie dann eine Windung über die letzte Wicklung, die das Schwänzchen sichert, und anschließend führen Sie die Feder wieder nach vorne. Beenden Sie dies auf Höhe der Hakenspitze.

9. Sichern Sie nun das Pfauengras mit zwei Windungen des Fadens. Schneiden Sie jetzt den überschüssigen Federrest ab. Danach winden Sie den Faden zwei bis drei Millimeter vor das Hakenöhr.

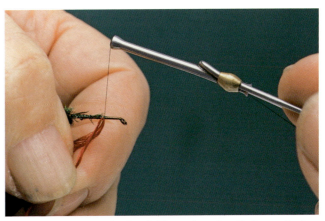

10. Legen Sie nun ein Stück Floss über den Faden, mit dem kurzen Ende weg vom Bobbin. Anschließend nehmen Sie beide Enden zwischen Ihren linken Daumen und Zeigefinger. Machen Sie jetzt mit dem Bindefaden eine Wicklung um den Haken, und ziehen Sie diese stramm, um das Floss an den Hakenschenkel zu ziehen. Dann machen Sie eine weitere komplette Wicklung um den Schenkel, und zwar vor die Einbindestelle des Flosses.

11. Lassen Sie nun das kurze Ende des Flosses los, und binden Sie danach den Faden fünf bis sechs Mal in Richtung Hakenbogen um den Hakenschenkel und das lange Ende des Flosses. Diese Windungen sollten eng um den Schenkel geführt werden. Achten Sie aber darauf, daß Sie die Windungen nicht zu stramm wickeln.

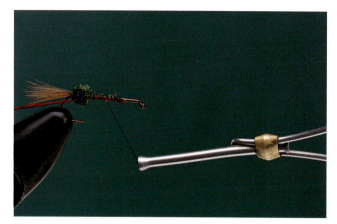

12. Nachdem Sie diese Windungen gebunden haben, ziehen Sie am langen Ende des Flosses, um das kurze Ende unter die gemachten Windungen zu ziehen. Anschließend führen Sie den Faden wieder in Richtung Hakenbogen. Achten Sie darauf, daß Sie hierbei das lange Ende des Flosses mit einbinden. Beenden Sie die Wicklungen kurz vor dem Hinterkörper aus Pfauenfeder. Dann wird der Faden wieder nach vorne gewunden. Beenden Sie dies circa ein bis zwei Millimeter vor dem Hakenöhr.

13. Nun wird die erste Windung des Flosses um den Hakenschenkel direkt vor dem Hinterkörper aus Pfauenfeder plaziert. Bringen Sie anschließend das Floss dicht an dicht so lange nach vorne, bis Sie die Stelle erreicht haben, an der der Faden hängt.

14. Sichern Sie das Floss mit einigen engen Windungen des Fadens. Halten Sie danach den Faden schräg zu der von Ihnen abgewandten Hakenseite, und schneiden Sie dann mit Ihrer Scherenspitze das überschüssige Floss ab.

15. Nun werden zwei bis drei Pfauengrasfibern vor dem Floss eingebunden. Verdrehen Sie das Pfauengras im Anschluß daran drei bis vier Mal um den Bindefaden. Fassen Sie jetzt die Enden zusammen mit dem Faden. Winden Sie danach beides zunächst nach hinten und beenden dies kurz vor der Mitte des Hakenschenkels. Anschließend wird beides wieder nach vorne gewunden, und zwar bis zur ursprünglichen Einbindestelle der Federn. Sichern Sie nun die Federn mit einigen Windungen des Fadens und schneiden dann den Überschuß der Federn ab.

BINDEN VON NASSFLIEGEN ■ 23

16. Nehmen Sie jetzt eine (wie in der Materialliste angegebene) Feder für die Hechel zur Hand. Ihre Fibern sollten so lang sein, daß sie später als Hechel etwas über die Schenkelmitte hinausreichen.

17. Entfernen Sie nun die Fibern am Stammende und binden dann die Federspitze vor dem Vorderkörper mit einigen Windungen des Fadens ein.

18. Biegen Sie jetzt die überstehende Federspitze nach hinten, und binden Sie sie mit zwei bis drei Fadenwicklungen an den Haken. Die restliche überstehende Federspitze wird abgeschnitten. Der Trick bei dieser Methode des Einbindens ist, daß die Feder so nicht mehr aus den Wicklungen herausrutschen kann.

19. Winden Sie nun den Hechelkragen. Machen Sie nicht zu viele Windungen, zwei bis drei sollten genügen. Streifen Sie anschließend die Fibern nach hinten.

20. Sichern Sie den Hechelstamm mit einigen Fadenumwicklungen. Anschließend biegen Sie den restlichen Federstamm nach hinten und machen dann mehrere Windungen über die gebogene Stelle der Feder. Hierdurch wird die Hechelfeder nochmals wie bei Punkt 18 gesichert.

21. Jetzt den Überschuß abschneiden.

22. Nehmen Sie nun ein gleiches Paar Gänsefedern zur Hand. Eine Feder vom linken und eine vom rechten Flügel.

23. Schneiden Sie jeweils von jeder Feder ein Segment heraus. Jedes Segment sollte so breit sein wie die halbe Länge des Hakenschenkels.

24. Bringen Sie nun die beiden Federsegmente zusammen, mit den gewölbten Seiten nach außen, und richten Sie die Spitzen der zwei Segmente aus. Halten Sie jetzt die Flügel mit dem rechten Daumen und dem Zeigefinger über den Hakenschenkel. Die Federspitzen sollten etwas über den Hakenbogen hinausragen.

25. Fassen Sie die Flügel mit Ihrem linken Daumen und Zeigefinger. Halten Sie sie so zusammen, daß die Flügelspitzen gleichmäßig aufeinanderliegen. Trimmen Sie nun die Segmentenden so, daß sie ungefähr auf der Mitte des Fliegenköpfchens enden. Wenn Sie die Enden erst abschneiden, nachdem Sie die Flügel bereits eingebunden haben, werden diese hierdurch mit hoher Wahrscheinlichkeit aus ihrer Position gebracht. Die Flügel jetzt zu schneiden, umgeht dieses Problem.

26. Bevor Sie nun die Flügel einbinden, bringen Sie noch einen kleinen Tropfen Lack an der Einbindestelle an. Dieser hilft einerseits dabei, die Flügel in Position zu halten und andererseits ein Verrutschen der Flügel zu verhindern.

BINDEN VON NASSFLIEGEN ■ 25

27. Der Bobbin befindet sich nun unterhalb der Fliege. Bringen Sie nun Spannung auf den Faden, indem Sie den Bobbin nach unten ziehen. Hierdurch werden die Flügel eng an den Haken gedrückt. Benutzen Sie währenddessen Ihren linken Zeigefinger dafür, die Flügel in Position zu halten.

28. Den Faden straff halten, während Sie Ihren Daumen und Zeigefinger ein bißchen zur Rückseite bewegen. Fahren Sie nun mit dem Anwinden der Flügel fort. Hierbei binden Sie gleichzeitig auch schon das Köpfchen der Fliege mit.

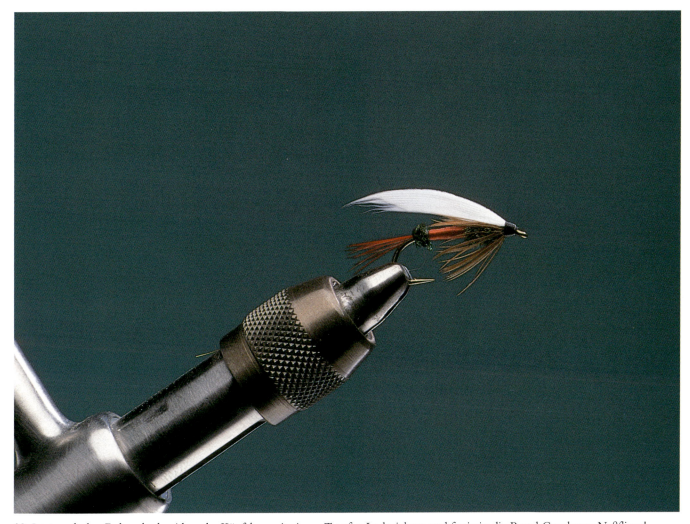

29. Jetzt noch den Faden abschneiden, das Köpfchen mit einem Tropfen Lack sichern und fertig ist die Royal Coachman Naßfliege!

DIE HAIRWING ROYAL COACHMAN

Unsere nächste Fliege ist eine Hairwing-Version der Royal Coachman. Flügel, die aus Kalbsschwanz gebunden werden, sind haltbarer als traditionell aus Federn gebundene. Von einigen Fliegenfischern wird daher diese Variante bevorzugt. Außer dem Flügel werden für dieses Muster die gleichen Materialien verwand wie bei der Royal Coachman. Allerdings werden wir uns diesmal etwas genauer anschauen, wie man das Segment der Pfauenfeder als Vorderkörper mit Hilfe des Bindefadens verstärken kann, und wir werden unserer Hairwing noch eine Barthechel als Kragen anbinden.

1. Binden Sie das Schwänzchen, den Hinterkörper aus einem Pfauenfedersegment (Pfauengras) und den Körper aus Floss genauso, wie Sie es bereits bei der Royal Coachman getan haben. Schneiden Sie anschließend drei Segmente aus einer Pfauenaugenfeder und binden diese dann an der Stelle ein, wo der vordere Teil des Flosskörpers endet.

2. Winden Sie die drei Segmente nun um den Bindefaden. Gehen Sie sicher, daß Sie dies, von oben betrachtet, gegen den Uhrzeigersinn tun. Fassen Sie den Bindefaden und die gewundenen Federsegmente möglichst am Ende und wickeln diese um den Haken, ohne dabei jedoch zuviel Druck auszuüben. Wickeln Sie zuerst in Richtung Hakenbogen, um den Vorderkörper zu binden. Ändern Sie dann die Richtung und führen den umwundenen Faden zurück zur ursprünglichen Einbindestelle. Sichern Sie anschließend die Segmente und entfernen möglichen Überschuß.

3. Wählen Sie ein Haarbüschel mit langen Haaren aus dem Kalbsschwanz aus. Halten Sie das Büschel, wie auf dem Bild zu sehen, fest zusammen und schneiden es vom Schwanzstück ab.

4. Entfernen Sie Flaum und zu kurze Haare aus dem Büschel. Fassen Sie die Haarenden mit der rechten Hand und halten diese dann über den Haken, um die Länge der Flügel abzuschätzen. Der Flügel sollte so lang sein, daß er vom Hakenöhr bis zum Hakenbogen reicht.

5. Nachdem Sie die richtige Länge gefunden haben, greifen Sie das Büschel mit der linken Hand, noch während Sie die Haare über den Haken halten. Der Daumennagel sollte nun die Stelle markieren, an der Sie die Haare stutzen möchten. Schneiden Sie nun die Haarenden direkt vor Ihrem Daumennagel ab.

7. Suchen Sie aus einer braunen Hechelfeder ein Fibernbüschel und trennen dieses für die spätere Barthechel ab. Halten Sie dann die Fibern unter den Haken. Die Fibernspitzen sollten mit der Hakenspitze abschließen.

6. Bevor Sie jetzt die Haare einbinden, geben Sie einen kleinen Tropfen Lack auf die vorgesehene Einbindestelle. Halten Sie die Seite, an der Sie Haare gestutzt haben, genau über das Köpfchen. Machen Sie jetzt eine Wicklung des Fadens über das Haar. Drücken Sie dabei die Haare gerade so stark zusammen, daß Sie sie in Position halten können. Nun folgt eine weitere Wicklung. Wenn Sie mit dem Faden die Unterseite des Hakens erreicht haben, spannen Sie den Faden, drücken Ihren linken Daumen und Zeigefinger fest zusammen und ziehen den Faden endgültig mit dem Bobbin fest. Fahren Sie mit einigen strammen Windungen fort, um die Haare fest einzubinden.

8. Nehmen Sie nun die Hechelfibern in Ihre linke Hand und schneiden sie auf Länge. Danach drücken Sie die Fibern gegen die Unterseite der Fliege, und binden Sie dann mit einigen Windungen ein.

9. Machen Sie weitere Windungen mit dem Faden, um das Köpfchen zu formen. Sichern Sie anschließend den Faden mit einem Half-Hitch und einem Tropfen Lack.

DIE RED LLAMA

Ich fischte einmal zusammen mit einem Freund im zeitigen Frühjahr am Wolf River im Norden Wisconsins, als uns ein aufziehender Sturm zwang, Unterschlupf zu suchen. So standen wir nun unter einigen Tannen und sprachen über die genußvolle Fischerei, die wir hatten – bis der Regen kam. Dabei stellte sich im Laufe des Gesprächs heraus, daß wir beide das selbe Muster gefischt hatten: die Naßfliege mit dem schönen Namen Red Llama.

Diese Fliege, das wußten wir, wurde von einem Mann namens Miles Turtlelot entwickelt, und wir wußten ebenfalls, daß dieser irgendwo in einem Indianer-Reservat lebte, nicht weit von der Stelle entfernt, an der wir gerade gefischt hatten.

Leider wußten weder mein Freund noch ich, wo genau Miles Turtlelot lebte, doch wir beschlossen spontan, daß wir versuchen wollten, ihn zu finden. Und so fuhren wir umher und fragten uns durch. Und tatsächlich: Nach einer Weile fanden wir das Haus der Turtlelots!

Wir hatten Glück: Nach längerem Klopfen an der Tür öffnete ein kleiner Mann und ich fragte, ob Miles Turtlelot zu Hause sei. Er schaute mich an und antwortete: „Ich bin Miles Turtlelot. Und wer sind Sie?" Wir stellten uns vor und nach einem kurzen Gespräch fragte ich Miles, ob wir bei ihm einige seiner hervorragenden Red Llama erstehen könnten. Prompt wurden wir in sein Haus gebeten und in einen kleinen Raum geführt. Ich glaube, dieses Bindezimmer war früher einmal der Toilettenraum, doch für Miles schien er groß genug zu sein. Der Tisch war übersät mit einem ganzen Sortiment an Bindematerial und fertigen Fliegen, einige davon waren Red Llamas. Miles bat mich zu nehmen, was immer ich bräuchte. Ich wählte drei Red Llamas aus und fragte Miles, was ich ihm schulde. Der Preis betrug genau einen einzigen Dollar.

Ich werde diesen denkwürdigen Tag nie vergessen. Einen Meister des Fliegenbindens zu treffen und von diesem auch noch prompt in sein heiliges Bindezimmer eingeladen zu werden, das ist wirklich ein seltenes Ereignis.

Übrigens: Ich hatte auf dem Bindetisch von Miles Turtlelot noch eine ganze Anzahl anderer Fliegen gesehen, vor allem die Naßfliege Pass Lake schien er im großen Stil zu binden. Bei meinem nächsten Trip in die Gegend brauchte ich ihm als Geschenk daher 25 ausgewählte Kalbsschwänze mit. Nicht, daß ich außergewöhnlich großzügig wäre, ich hatte sie günstig erstanden. Aber wie auch immer, es war der erste Schritt zu einer lebenslangen Freundschaft zwischen Miles Turtlelot und mir.

Die Red Llama kann sowohl als Naßfliege als auch als Streamer gebunden werden, beide sind für die Fische äußerst verführerisch. Hier zeige ich Ihnen die Naßfliegen-Version.

Die Red Llama

Haken:	Naßfliegenhaken, Größe 10 oder 12, 2 x lang
Faden:	8/0, schwarz
Schwanz:	Fibern einer Grizzly-Hechel
Körper:	Seiden-Floss, rot
Rippung:	Tinsel, oval, fein, silber (oder gold)
Schwinge:	Haare vom Murmeltier (ersatzweise Eichhörnchen)
Hechel:	Grizzly-Hechel
Kopf:	Schwarz mit gemalten gelben Augen und schwarzen Pupillen

2. Nehmen Sie sechs bis acht Fibern einer Grizzly-Hechel. Das Schwänzchen sollte ungefähr so lang sein, wie der Hakenbogen weit ist. Legen Sie das Schwänzchen auf, und machen Sie mit dem Bindefaden einige Windungen um das Material und den Hakenschenkel, stoppen Sie aber rechtzeitig vor dem Beginn des Hakenbogens. Machen Sie dann noch einige Windungen Richtung Öhr.

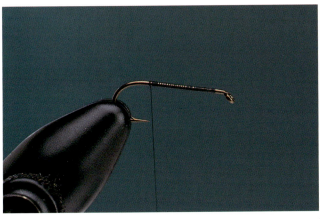

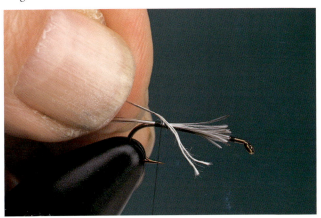

1. Legen Sie den Bindefaden ein bis zwei Millimeter hinter dem Öhr an, und winden Sie ihn von dort aus dicht an dicht um den Hakenschenkel bis auf Höhe der Hakenspitze.

3. Entfernen Sie die Metall-Ummantelung vom Ende des ovalen Tinsels, legen Sie die dabei sichtbar werdenden inneren Fäden auf den Haken, und binden Sie diese mit dem Bindefaden an.

4. Achten Sie darauf, daß zwischen der Einbindestelle des Tinsels und dem Ansatz des Schwänzchens eine wenig Abstand besteht, damit Sie später an dieser Stelle eine Flosswickelung plazieren können. Winden Sie nun den Bindefaden über das Ende des Schwänzchens und die Seele des Tinsels Richtung Öhr.

6. Schneiden Sie das nach vorne zum Öhr zeigende Floss-Ende ab, legen Sie das lange Floss-Ende oben auf den Hakenschenkel, und überwickeln Sie das Floss Richtung Schwänzchen mit einigen Windungen des Bindefadens. Anschließend winden Sie diesen erneut über das Floss in Richtung Öhr an die Stelle, an der Sie das Floss anlegt hatten.

5. Ein bis zwei Millimeter vor dem Öhr beenden Sie diese Wicklungen, denn Sie benötigen später ja noch etwas Platz für die Hechel und die Schwinge. Schneiden Sie nun ein ausreichend langes Stück rotes Floss ab. Lassen Sie den Bobbin frei unter der Fliege hängen. Nun nehmen Sie das Floss in Ihre linke Hand, und führen Sie ein Ende hinter dem Bindefaden entlang. Halten Sie nun die beiden Flossenden zwischen zwei Fingern, und heben Sie mit der anderen Hand den Bobbin hoch. Das Floss rutscht dadurch am Bindefaden entlang bis an den Haken, und Sie können es mit einigen Windungen fixieren.

7. Nun machen Sie die erste Windung mit dem Floss, und zwar zwischen dem Ansatz des Schwänzchens und dem Tinsel. Nach dieser Windung biegen Sie den Tinsel etwas zur Seite und winden das Floss dicht an dicht und etwas überlappend Richtung Öhr an die Stelle, an der Sie es angelegt hatten. Wenn Sie mit einem gleichmäßig kräftigen Zug am Floss arbeiten und regelmäßige Windungen machen, dann wird der Körper perfekt.

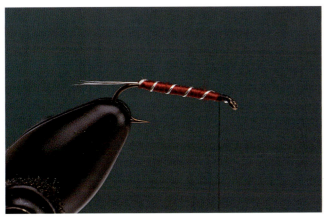

8. Legen Sie das Floss mit einigen Wicklungen des Bindefadens am Hakenschenkel fest, und lassen Sie den Bobbin hängen. Nun nehmen Sie das bereits eingebundene Tinsel und winden dieses unter leichtem Zug mit fünf gleichmäßigen Wicklungen zum Körperende. Zur Orientierung: Die dritte Windung sollte in der Körpermitte liegen. Bei der letzten Windung sollten Sie auf der Unterseite des Hakens ankommen, denn dort wird dieses mit einigen Windungen des Bindefadens fixiert und abgeschnitten.

9. Nun kommen wir zum Einbinden des Haars. Für die Red Llama wird normalerweise Murmeltierhaar verwendet, und zwar von der Winterdecke, denn der Winterpelz hat eine dichte Unterwolle und genau die richtige Färbung. Diese Haareigenschaften machen die Fliege äußerst effektiv. Wenn Sie die Red Llama als Streamer binden, sollten Sie die Unterwolle jedoch entfernen und nur die Haare verwenden, da wir in unserem Fall jedoch eine Naßliege binden, möchten wir auch die Unterwolle in der Schwinge haben. Falls Sie kein Murmeltierhaar haben, können Sie sich auch mit braunem Eichhörnchenhaar behelfen.

10. Schneiden Sie die Haare für die Schwinge auf die entsprechende Länge, sie sollten etwa vom Öhr bis zum Beginn des Hakenbogens reichen. Fassen Sie das Bündel fest zwischen den Fingern, und entfernen Sie einen Teil der langen Haare, die hinten aus der Schwinge herausstehen.

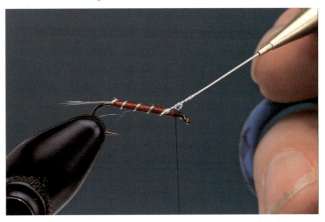

11. Geben Sie auf die Einbindestelle, an der der Bindefaden liegt, einen Tropfen Kleber. Dieser Tropfen wird beim Einbinden der Haare von unten her in diese eindringen und Ihnen helfen, diese auf dem Haken zu fixieren.

12. Bringen Sie nun die Haare für die Schwinge mit der linken Hand in die richtige Position, führen Sie den Bindefaden über die Haarenden, und ziehen Sie diesen mit einem nach unten gerichteten Zug am Bobbin fest. Anschließend machen Sie auf die gleiche Weise noch ein, zwei weitere Windungen, um das Haar zu fixieren.

13. Sichern Sie nun mit einigen weiteren Windungen des Bindefadens die Schwinge, und beginnen Sie, mit diesen Wicklungen auch gleich den Kopf der Fliege zu formen. Machen Sie die letzte Wicklung an der Stelle, an der das Ende des Köpfchens sein soll.

14. Streifen Sie nun von einer passenden Grizzly-Hechel – die Fibern sollten in etwa so lang wie der Körper der Red Llama sein – den Flaum ab, und legen Sie den Stamm der Feder mit dem Bindefaden fest.

15. Halten Sie den Hechelstamm am Ende fest, knicken Sie ihn um, und überwickeln Sie diesen Teil mit dem Bindefaden. Auf diese Weise können Sie die Hechelfeder extrem gut sichern. Schneiden Sie dann den überflüssigen Stamm ab, und führen Sie den Bindefaden direkt bis hinter das Öhr.

16. Winden Sie nun die Hechel in Richtung Öhr, zwei bis drei Windungen reichen normalerweise für eine gute Hechel aus. Legen Sie den Stamm der Hechel anschließend mit dem Bindefaden fest, und schneiden Sie die überstehende Feder ab.

17. Mit Ihrer linken Hand können Sie nun die Fibern der Hechel nach hinten streifen und an dieser Position halten. Nun wickeln Sie Ihren Bindefaden über den Ansatz der Fibern, um diese in einer nach hinten gerichteten Position zu fixieren. Wenn diese richtig nach hinten stehen, können Sie mit dem Bindefaden das Köpfchen aufbauen, einen Abschlußknoten machen und das Köpfchen mit Kleber oder Lack versiegeln.

18. Ist das Köpfchen trocken, werden die Augen aufgebracht, genauer gesagt: gemalt. Da selbst feine Pinsel für diese Arbeit zu grob sind, verwenden wir zwei Holzstäbchen, ein etwas dickeres und ein dünneres. Tauchen Sie zunächst das dickere in gelben Lack, und tupfen Sie dann auf beiden Seiten des Kopfes die Iris auf. Wenn dieser Lack trocken ist, nehmen Sie das dünnere Holzstäbchen, tauchen Sie es in schwarzen Lack, und tupfen Sie dann in der Mitte der Iris die Pupille auf. Wenn alles gut getrocknet ist, können Sie noch eine Schicht Klarlack aufbringen, um die kleinen Äuglein zu schützen. Fertig ist Ihre Red Llama!

HOP CHUCK – EINE INTERESSANTE VARIANTE DER RED LLAMA

Vor vielen Jahren bestellte ich mein Bindematerial bei Eric Leiser, dessen Name für viele Fliegenbinder ein Begriff ist – vielleicht kennen ja auch Sie sein Buch „The Complete Book of Fly Tying", das fast jeder Binder im Regal stehen hat.

Auf jeden Fall habe ich meinen Bestellungen, die ich ihm schickte, jedes Mal eine meiner Fliegen beigefügt, und eines Tages war es eine Red Llama. Als ich das Päckchen mit dem bestellten Material erhielt, lag in diesem auch ein Notizzettel von Eric Leiser, auf dem er anmerkte, daß ich die Fliege nicht richtig gebunden hätte. Außerdem hatte Eric dem Päckchen eine „seiner" Red Llamas beigelegt.

Unnötig zu sagen, daß ich etwas irritiert war, denn schließlich hatte mir Miles Turtelot, der Erfinder der Red Llama, persönlich gezeigt, wie man diese Fliege bindet …

Einige Jahre später bemerkte ich während einer Veranstaltung, auf der ich mit anderen Bindern das Fliegenbinden demonstrierte, daß vier Stühle neben mir am gleichen Tisch auch Eric Leiser saß. Ich stand auf, ging hinter seinem Rücken zu ihm hin und legte ihm von hinten eine meiner Red Llamas auf den Tisch. Er schaute diese an und sagte, ohne mich gesehen zu haben: „Royce!" Dies war unsere erste Begegnung, und das, obwohl wir bereits 18 Jahre lang miteinander korrespondiert hatten …

Inzwischen sind zu der Red-Llama-Familie noch einige interessante Varianten hinzugekommen, beispielsweise die Gelbe, die Goldene und die Weiße Llama. Eine weitere sehr interessante Variante der Llama ist eine Fliege, die Hop Chuck genannt wird. Diese ist aufgebaut wie eine typische Llama, für den Körper wird allerdings grünes Yarn- oder Dubbing-Material verwendet. Da Sie bereits gelernt haben, wie diese Fliege gebunden wird, sollten Sie sich als nächstes auf das Malen der Augen konzentrieren, denn dies können Sie auch für zahlreiche andere Fliegen gebrauchen.

Hop Chuck – eine interessante Variante der Red Llama

Haken:	Naßfliegenhaken, Größe 8, 1 x lang
Faden:	12/0, schwarz
Schwanz:	Rote Hechelfibern
Körper:	Grünes Wollgarn (Yarn) oder Dubbing
Rippung:	Tinsel, oval, fein, silber (oder gold)
Schwinge:	Haare vom Murmeltier (ersatzweise Eichhörnchen)
Hechel:	Grizzly-Hechel
Kopf:	Schwarz mit gemalten gelben Augen und schwarzen Pupillen

1. Binden Sie die Fliege wie eine Red Llama, allerdings mit einem grünen Körper. Dann lackieren Sie den Kopf, und lassen Sie diesen gut trocknen. Den gelben Lack für die Augen tragen Sie mit einem Holzstift – sehr gut eignen sich dazu Streichhölzer – auf. Tupfen Sie auf beide Seiten des Kopfes eine gelbe Iris.

2. Wenn dieser Lack trocken ist, nehmen Sie ein Streichholz, und spitzen Sie das Ende mit einem Messer an. Dann tauchen Sie die dünne Spitze in schwarzen Lack und tupfen die kleinen Pupillen auf die beiden Augen.

3. Die fertige Fliege. Nach dem Trocknen des Lacks können Sie diesen mit Klarlack überziehen, um die Augen zu schützen.

DIE GRIZZLY KING

Anhand dieser Fliege, eine weitere großartige und altbekannte Naßfliege, möchten wir Ihnen eine weitere Methode zeigen, wie Sie Schwingen herstellen können: das Herstellen von Schwingen aus den Spitzen von Hechelfedern.

Diese Methode können Sie auch beim Binden von Streamern mit langschenkeligen Haken verwenden, und natürlich auch, wenn Sie die längere Hechelfeder als Schwinge verwenden möchten.

Die Grizzly King

Haken:	Naßfliegenhaken, Größe 8, 1 x lang
Faden:	10/0, schwarz
Schwanz:	Fibern einer Grizzly-Hechel
Körper:	Floss, grün
Rippung:	Tinsel, fein, silber
Hechel:	Grizzly-Hechel (Sattelfeder)
Schwinge:	zwei Spitzen einer Grizzly-Hechel

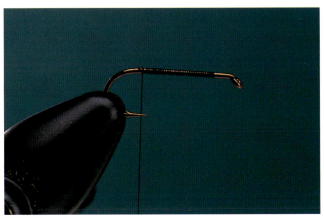

1. Legen Sie den Bindefaden ein bis zwei Millimeter hinter dem Öhr an, und winden Sie ihn von dort aus dicht an dicht um den Hakenschenkel bis auf Höhe der Hakenspitze.

2. Messen Sie das Material für das Schwänzchen ab. Das Schwänzchen sollte etwa so lang sein wie der Körper der Fliege.

3. Schneiden Sie das Material auf die richtige Länge zu.

4. Binden Sie nun das Schwänzchen ein. Achten Sie aber darauf, daß die Enden des Materials lang genug sind, um später darauf einen gleichmäßigen Körper binden zu können. Wenn Sie das Material zu kurz abschneiden, entsteht ein Knick im Körper.

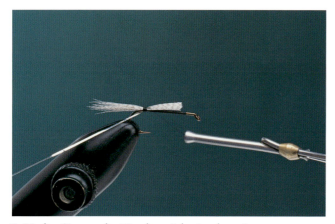

5. Binden Sie nun das Tinsel am Schwänzchen ein.

6. Winden Sie nun den Bindefaden über die Enden des Schwänzchens Richtung Hakenöhr. Befestigen Sie dann mit einer Schlaufe grünes Floss (wie bereits bei der Red Llama gezeigt).

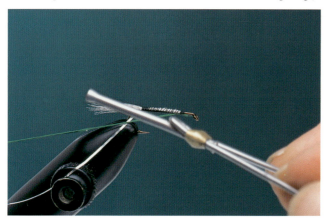

7. Ziehen Sie nun den Bindefaden etwas an, das Floss wird dadurch am Haken fixiert. Machen Sie direkt vor dem Floss einige Windungen, schneiden Sie das kurze Floss-Ende ab, und führen Sie nun den Bindefaden mit einigen Windungen über den Unterkörper und das Floss wieder Richtung Schwänzchen. Das Resultat wird am besten, wenn Sie das Floss dabei unter leichter Spannung halten.

8. Führen Sie den Bindefaden bis an die Stelle, an der Sie den Tinsel eingebunden haben, nicht bis direkt an das Schwänzchen. Lassen Sie etwas Platz, damit Sie an dieser Stelle eine Floss-Windung über den Hakenschenkel machen können.

9. Wickeln Sie nun den Floss-Körper wie bei der Red Llama. Fixieren Sie das Floss auf der Unterseite des Hakenschenkels, und schneiden Sie das überflüssige Material ab.

10. Machen Sie nun fünf Wickelungen mit dem Tinsel für die Rippung, die dritte sollte dabei in der Mitte des Schenkels sein. Fangen Sie das Tinsel auf der Unterseite des Hakens ab.

BINDEN VON NASSFLIEGEN ■ 37

11. Wählen Sie nun die Fronthechel aus. Die Proportionen der Feder sind richtig, wenn die Fibern von der Einbindestelle aus so wie auf dem Bild über das Öhr hinausschauen. Entfernen Sie dann die Fibern an der Stelle, an der die Feder fixiert wird, also in der Nähe der Spitze. Achten Sie vor dem Einbinden darauf, daß die glänzende, gewölbte Seite der Hechelfeder Richtung Hakenöhr zeigt.

12. Streifen Sie nun vorsichtig die Fibern der Feder auf eine Seite des Federstamms. Winden Sie nun die Hechelfeder einmal um den Hakenschenkel, und streifen Sie dabei vorsichtig die Fibern Richtung Bindestock. Nach dieser folgen die weiteren Wickelungen, jeweils vor die vorangegangene, also Richtung Öhr.

13. Nach einigen Windungen, je nachdem, wie dicht die Hechel sein soll, legen Sie den Bindefaden über den Hechelstamm, um diesen zu fixieren. Halten Sie den Bindefaden auf Zug, und klappen Sie den Hechelstamm auf der Hakenoberseite zurück. Halten Sie nun die Fibern Richtung Hakenende zusammen, während Sie mit dem Bindefaden um die Basis der Hechelfeder winden. Am besten, Sie machen nicht allzu stramme Windungen, denn für die Schwinge benötigen wir ein weiches Fundament. Nachdem die Hechel fixiert und das Fundament fertig ist, können Sie die überflüssige Feder abschneiden.

14. Wählen Sie nun ein passendes Paar Grizzly-Hechelfedern aus, Nackenfedern der Henne sind dabei eine gute Wahl. Achten Sie darauf, daß diese Federn die gleiche Form und Färbung haben.

15. Halten Sie die Enden der beiden Federn mit dem rechten Zeigefinger und dem Daumen zusammen, und messen Sie die Länge der Schwinge ab. Die Schwinge sollte etwa bis in Höhe des Hakenbogens reichen.

17. Fixieren Sie nun die beiden Hechelspitzen, indem Sie diese mit dem Bindefaden bis hin zum Hakenöhr überwinden. Sollte in der Nähe des Öhrs doch noch etwas Material (Federstamm oder Fibern) zu sehen sein, schneiden Sie dieses vorsichtig ab.

16. Schneiden Sie die überstehenden Federn ab, bevor Sie diese zum Einbinden plazieren. Beim Einbinden verwenden Sie die gleiche Technik wie beim Herstellen einer Haarschwinge. Sollten die Federspitzen beim Einbinden seitlich wegrollen, sich die Federn also drehen, entfernen Sie diese nochmals, und drücken Sie die Stämme der Federn mit einer feinen Zange platt. Dann liegen diese perfekt auf dem Fundament auf und können sich beim Einbinden nicht mehr wegdrehen.

BINDEN VON NASSFLIEGEN ■ 39

18. Beenden Sie nun die Kopfwicklung, machen Sie einen Abschlußknoten, und lackieren Sie das Köpfchen. Fertig ist die Grizzly King!

Viele Binder verwenden für die Schwinge der Grizzly King auch Flankenfedern der Stockente oder Fibern der Brautente. Da dies nicht nur eine interessante Variante der Grizzly King ist, sondern diese Fliege auch äußerst fängig ist, möchte ich Ihnen auch diese Möglichkeit zeigen. Die Fliege wird, bis auf die Schwinge, wie gerade gezeigt, gebunden, nur das Schwingenmaterial ist ein anderes. Ich habe für die Fliege auf den folgenden Fotos Flankenfedern der Stockente verwendet.

2. Drücken Sie nun die Feder zwischen Ihren Fingern zusammen, und rollen Sie die Fibern zu einem gleichmäßigen Bündel zusammen. Messen Sie nun die Länge der Schwinge ab. Die Fibern sollten bis kurz hinter den Hakenbogen reichen.

1. Binden Sie Schwänzchen, Körper und Hechel. Wählen Sie dann eine Flankenfeder der Stockente aus, die eine schöne Bänderung und eine gleichmäßige Form hat.

3. Nehmen Sie das Fibernbündel in die linke Hand, und schneiden Sie das überschüssige Material ab, so daß nur die spätere Schwinge übrigbleibt.

4. Fassen Sie die Schwinge wie auf dem Foto auf der Oberseite des Hakens an, die Enden der Fibern reichen dabei bis dicht an das Öhr heran. Von diesem Punkt an können Sie das Fibernbündel wie ein Haarbündel behandeln.

5. Plazieren Sie die Schwinge von oben betrachtet mittig über dem Hakenschenkel, fixieren Sie diese, formen Sie das Köpfchen, Abschlußknoten, etwas Lack darauf, fertig!

DIE COLEMAN LAKE SPECIAL

Anhand dieser Fliege möchte ich Ihnen zeigen, wie Sie einen Körper aus Woll-Dubbing formen können. Die Schwinge der Fliege ist aus dem roten Haar vom Eichhörnchenschwanz. Bei einem ähnlichen Muster, das Coleman Lake genannt wird, besteht die Schwinge aus weißem Kalbshaar – der einzige Unterschied zwischen diesen Fliegen ist das Schwingenmaterial.

Die Coleman Lake Special

Haken:	Naßfliegenhaken, 1 x lang
Faden:	12/0, schwarz, wahlweise auch 8/0 oder 6/0
Schwanz:	Fibern einer Grizzly-Hechel
Körper:	Dubbing aus grauer Wolle
Schwinge:	Schwanzhaare vom Eichhörnchen (Fox Squirrel oder auch Pine Squirrel)
Rippung:	Tinsel, fein, silber
Hechel:	Grizzly-Hechel (Sattelfeder)

1. Breiten Sie das Woll-Dubbing vor. Wählen Sie ein Wollbüschel aus dem Stück aus, und schneiden Sie dieses so dicht wie möglich vom Leder ab.

2. Legen Sie dieses Bündel auf eine von Ihren Bürsten, legen Sie die andere Bürste darauf, und machen Sie ein „Woll-Sandwich", wie bereits beschrieben. Arbeiten Sie nun mit den beiden Bürsten gegeneinander, um die Wolle durchzubürsten.

3. Am Ende werden Sie dadurch so eine saubere Lage Dubbing erhalten, bei der alle Wollfasern sauber ausgerichtet sind.

4. Legen Sie nun den Bindefaden an, binden Sie das Schwänzchen ein, und binden Sie das Ende mit einer Windung herunter auf den Hakenschenkel.

5. Ziehen Sie ein wenig Dubbing aus der Bürste, indem Sie die Faserspitzen greifen und an diesen ziehen.

6. Bringen Sie nun diese Wollfasern auf den Bindefaden. Denken Sie daran, daß Sie diese dabei nur in eine Richtung um den Faden winden, nicht vor und zurück.

7. Winden Sie die Wollfasern um den Bindefaden, bis die Faserspitzen an diesem angekommen sind – und machen Sie sich wegen des „wilden" Rests des Dubbings keine Gedanken.

8. Beginnen Sie nun, den mit Dubbing versehenen Bindefaden um den Hakenschenkel zu winden. Wenn Sie dabei das untere Ende des Dubbings und den Faden zusammenhalten, werden sich diese während der weiteren Arbeit miteinander verdrehen.

9. Winden Sie das Dubbing bis zum Schwanzansatz, ändern Sie dann die Richtung, und winden Sie diese jetzt Richtung Öhr. Wenn Sie Dubbing und Faden dabei stets festhalten, werden sich diese dabei zu einem festen Dubbingstrang zusammendrehen (wie auf dem Foto zu sehen).

10. Der Körper sollte zum Öhr hin etwas verjüngt sein, beim Beenden der Windungen für den Körper sollten Sie außerdem etwas Raum für die Schwinge und die Hechel lassen.

11. Scheiden Sie dicht an der Haut ein Büschel Haare aus dem Eichhörnchenschwanz.

12. Messen Sie die Länge der Schwinge ab. Diese sollte über den Hakenbogen hinausreichen, nicht aber über das Ende des Schwänzchens.

13. Binden Sie die Schwinge ein, wie Sie es bereits bei den anderen Mustern mit Haarschwinge in diesem Kapitel getan haben.

14. Binden Sie nun die Hechelfeder ein, und schneiden Sie den überstehenden Stamm ab.

15. Winden Sie nun die Hechel, und streichen Sie nach jeder Windung die Fibern nach hinten. Dann fixieren Sie die Hechel, formen das Köpfchen und lackieren dieses. Fertig ist Ihre Coleman Lake Special!

KAPITEL 3

Das Binden von Trockenfliegen

Trockenfliegen werden anders als die bisher vorgestellten Naßfliegen gebunden. Zum einen werden bei Trockenfliegen Haken aus feinerem Draht (Gewichtsersparnis) verwendet, zum anderen haben die Schwänzchen, Flügel, Körper und Hecheln eine andere Funktion. So haben beispielsweise gute Hechelfedern für Trockenfliegen nur sehr wenig Flaumansatz, wenn überhaupt. Gute Hechelfedern stammen vom Sattel oder Nacken des Hahns.

Die Teile einer Trockenfliege werden zudem anders angefertigt als bei einer Naßfliege, und daher werden wir Ihnen in diesem Kapitel zeigen, wie Sie unter anderem die unterschiedlichen Flügelarten und -typen binden können, beispielsweise geteilte Flügel oder Spent-Flügel. Außerdem werden Sie lernen, wie Sie bei all den unterschiedlichen Flügelformen die Hechel am besten anbringen können, beispielsweise an den sogenannten Parachutes („Fallschirm-Fliegen"), die überaus fängig sind. Und wir werden Ihnen zeigen, wie Sie die Schwänzchen von Trockenfliegen richtig binden, denn diese haben bei diesem Fliegentyp eine überaus wichtige Funktion, und daher müssen diese auch entsprechend bewußt eingesetzt werden.

Die meisten Fliegen in diesem Kapitel haben einen Körper aus Woll-Dubbing, dessen Herstellung wir Ihnen im vorangegangenen Kapitel bereits gezeigt haben.

WHITE WULFFS UND WEISSE WATSTIEFEL

Vor einiger Zeit, es war im späten Frühjahr, stand mein langjähriger Freund Lou Biscoff vor meiner Tür und ihm der Sinn ganz und gar nach Fliegenfischen, denn er war gerade auf dem Weg nach Yellowstone. Da er nicht mehr der Jüngste war, wollte er es jetzt etwas gemütlicher angehen und hatte anstelle seines alten Zeltes dieses Mal sein gerade neu gekauftes Wohnmobil mitgebracht.

Wir sprachen über das Fliegenfischen und bewunderten den Komfort, den so ein Wohnmobil bietet. Während wir sprachen, kam die Idee auf, daß wir das Wohnmobil vor Lous Weiterreise ja schnell einmal testen könnten und entschieden uns spontan für einen ein bis zwei Tage dauernden Trip an den Prairie River …

Schnell fanden wir am Prairie River eine idyllische Stelle, an der wir das Wohnmobil parken konnten. Sofort errichteten wir ein Camp, auf das jeder Tourist stolz gewesen wäre, und zogen unsere Angelsachen an. Ich war allerdings ein bißchen in Sorge, daß Lou beim Waten in dem teilweise schnellen Wasser Probleme bekommen könnte, denn der Prairie River kann mit „Oldtimern" ganz schön hart umspringen. Ich achtete daher wie eine Glucke auf Lou und dirigierte ihn an eine Stelle mit langsamer Strömung. Sicher ist sicher. Lou sagte kein Wort dazu …

Anschließend ging ich ein Stück stromauf in das schnellere Wasser und knüpfte meine Fliege ans Vorfach. Noch bevor ich den ersten Wurf machte, drehte ich mich um, um nach meinem guten alten Freund zu schauen. Zu meinem Erstaunen hatte er die von mir „zugewiesene" Stelle verlassen und war bereits eine dreiviertel Meile weit stromab gegangen, um ebenfalls in der fischreicheren schnellen Strömung zu fischen …

Als wir uns am Abend – es war bereits dunkel – nach dem Fischen am Fluß wieder trafen, fragte ich ihn, wie es bei ihm gelaufen sei. Er sagte, ein guter Fisch sei seiner Hornberg gefolgt, aber das sei es auch gewesen. Auf dem Weg zurück zum Wohnmobil kamen wir am Fluß an einer scharfen Kurve vorbei, die förmlich nach Fisch roch, und ich bat Lou, für einen Moment stehenzubleiben, denn ich wollte es doch noch einmal schnell mit meiner White Wulff versuchen. Ich liebe das Fischen in der Dunkelheit mehr als zu jeder anderen Tageszeit, und auch die großen Bachforellen sind von Natur aus nachtaktiv, fressen dann große Insekten und andere Tierchen.

Wir haben an unseren Flüssen in Wisconsin einen starken „Hex"-Schlupf. Hex steht für Hexagenia Mayfly, eine sehr große Eintagsfliegenart. Während dieser Schlupfphasen nehmen besonders die Bachforellen fast nur noch diese riesigen Insekten, und daher knotete ich eine White Wulff, gebunden auf einen 8er Lachshaken (!) ans Vorfach.

Als Lou die Größe meiner Fliege sah, sagte er kein Wort, doch allein der Ausdruck in seinem Gesicht sagte bereits alles. Ich fettete meine White Wulff gut ein und machte zunächst einen kurzen Wurf. Das ist immer gut, denn manchmal steht ein guter Fisch direkt vor unseren Füßen, und dem würden wir bei einem weiten Wurf unsere Leine ja sonst direkt über den Rücken werfen. Außerdem können Sie bei einem kurzen Wurf leicht herausfinden, wie die Strömung verläuft, und Sie können in der Dunkelheit Ihre Fliege sehen. Die ersten kurzen Würfe brachten keinen Erfolg, also zog ich etwas Leine von der Rolle und machte einen etwas längeren Wurf.

Ich habe den Biß nicht gespürt, aber die Explosion im Wasser vor uns war ein sicheres Zeichen, daß es an der Zeit ist, einen beherzten Anhieb zu setzen …

Nach einem harten Drill führte ich den Fisch zu Lou heran, damit er sehen konnte, was für eine starke Forelle meine, seiner Ansicht nach viel zu große Fliege genommen hatte. Nach einigen Sekunden, in denen Lou die große Forelle begutachten konnte, schüttelte diese energisch ihren Kopf und befreite sich dabei vom lästigen Haken. Lou sagte die ganze Zeit lang kein Wort.

Ich fischte noch etwas weiter und fing innerhalb weniger Minuten noch zwei weitere Bachforellen, die beide an die 50 Zentimeter lang waren. Ungläubig den Kopf schüttelnd meinte Lou schließlich, es sei Zeit, zum Wohnmobil zu gehen und etwas zu essen.

Dort angekommen, schlüpften wir aus unseren Watstiefeln und stiegen in Lous Wohnmobil. Die Nacht war kalt geworden, und die wohlige Wärme im Wohnmobil tat uns gut. Schnell hängten wir unsere Watstiefel an die Tür, ich meine an die Innenseite, Lou seine an die Außenseite. Ich sagte ihm noch, er soll seine Stiefel auch lieber an die Innenseite hängen, denn sonst seien die Stiefel am nächsten Morgen wahrscheinlich gefroren. Doch er sagte, es ginge schon und machte sich daran, für uns einen Topf deftige Suppe zu kochen. Nach dem langen Tag, der herzhaften Suppe und einem kühlen Bier schliefen wir tief und fest.

Früh am nächsten Morgen standen wir auf, machten das Frühstück, schauten vor die Tür – und lachten uns kaputt! Lous Stiefel hatten während der Nacht ihre Farbe geändert – sie waren weiß! Rauhreif – ein halber Zentimeter dick – hatte sich während der Nacht auf Lous Watstiefel gebildet, und natürlich waren diese zudem knochenhart gefroren …

Ich hielt es für unnötig, ihm gegenüber zu erwähnen, daß ich ihn davor gewarnt hatte, aber ich vermute, daß er bei der nächsten Frühjahrsfischerei in Wisconsin zwei Dinge tun wird: Er wird seine Stiefel nachts in das Wohnmobil hängen, und höchstwahrscheinlich wird er abends auch einmal eine Trockenfliege namens White Wulff fischen …

DIE WHITE WULFF

Für diese Fliege wird, sowohl für das Schwänzchen als auch die Flügel, Haar verwendet. Kalbsschwanz ist das gängige Material, doch auch Elk (Wapiti-Hirsch), Deer (Weißwedel-Hirsch) oder Rehhaar können verwendet werden.

Wenn Sie Kalbsschwanz kaufen, achten Sie darauf, daß dieser möglichst gleichmäßige Haare hat. Schneiden Sie das Haar so dicht wie möglich am Leder ab, und benutzen Sie, wenn vorhanden, bei Haaren vom Kalbsschwanz oder -körper einen Stacker (Haaraufstoßer), um die Haarspitzen auszurichten. Sollten die Haare von Natur aus einigermaßen die gleiche Länge haben, können Sie auf diesen Arbeitsschritt verzichten. Bei auf großen Haken gebundenen Fliegen, so wie auf den folgenden Fotos zu sehen, ist es ohnehin besser, wenn die Haarspitzen des Schwänzchen eine leicht unterschiedliche Länge haben.

Wie bei den Naßfliegen haben wir auch bei den Trockenfliegen in den Materiallisten alternatives Material in Klammern erwähnt.

Die White Wulff

Haken:	Trockenfliegenhaken, 1 x oder 2 x lang (oder Standard-Trockenhaken)
Faden:	8/0, weiß, vorgewachst
Schwanz:	Kalbsschwanz, weiß (oder Elk, Elk Mane, Rehhaar oder Körperhaar vom Costal Deer oder Texas Deer)
Flügel:	Kalbsschwanz, weiß (oder Elk, Elk Mane, Rehhaar oder Körperhaar vom Costal Deer oder Texas Deer)
Körper:	Dubbing aus weißer Wolle
Hechel:	Hahn, weiß (Sattelfeder)

DAS BINDEN VON TROCKENFLIEGEN ■ 47

1. Legen Sie am vorderen Drittel des Hakens den Faden an, und winden Sie diesen bis in Höhe des Hakenbogens. Nehmen Sie dann den Kalbsschwanz, der möglichst gerade Haare haben sollte.

2. Schneiden Sie ein kleines Büschel für das Schwänzchen dicht am Leder ab, und halten Sie dieses in der linken Hand. Mit den Fingern der rechten Hand können Sie nun die kurzen Unterhaare herauszupfen.

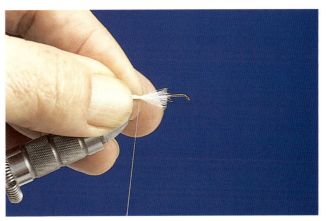

3. Die Länge des Schwänzchens können Sie am Haken abmessen, es sollte ungefähr so lang sein wie der Abstand zwischen dem Öhr und dem Beginn des Hakenbogens. Wenn Sie das Schwänzchen zu kurz binden, kann es beim Fischen auf die Seite kippen. Nehmen Sie nun das Büschel zwischen Daumen und Zeigefinger, und legen Sie es auf den Hakenschenkel. Das Haar sollte am Beginn des letzten Hakendrittels eingebunden werden, es hilft daher, wenn Sie mit Ihrem Daumennagel auf diese Stelle zeigen. Legen Sie das Haar mit dem Bindefaden fest, und schneiden Sie es vor dem endgültigen Einbinden auf die richtige Länge, also ein Drittel der Hakenlänge vor dem Öhr ab.

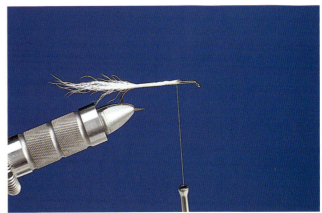

4. Beginnen Sie nun, das Haar in Richtung Hakenende einzubinden. Nach einigen Wicklungen können Sie das Schwänzchen loslassen und die Haare nun kurz vor deren Enden halten. Während Sie die Haare leicht nach oben ziehen, führen Sie die Wicklungen fort. Wenn Sie den Punkt über dem Widerhaken erreicht haben, wechseln Sie die Richtung und überwickeln das Haar Richtung Öhr. Kleiner Tip: Benutzen Sie dabei Ihren Daumennagel als Führung, dies verhindert, daß sich die Haare um den Hakenschenkel verdrehen. Binden Sie die Haare weiter ein, bis Sie den Punkt erreichen, an dem Sie den Bindefaden ganz am Anfang angelegt hatten.

5. Schneiden Sie nun ein Büschel Haar für die Flügel ab. Dieses sollte etwa doppelt so dick sein wie der Durchmesser des Hakenschenkels. Entfernen Sie wieder das kurze Unterhaar, und richten Sie die Haarspitzen mit einem Stacker (Haaraufstoßer) aus, so daß die Enden die gleiche Länge haben. Wenn Sie die Haare aus dem Stacker nehmen – die Haarspitzen sollten nun Richtung Hakenöhr zeigen – nehmen Sie diese zwischen Daumen und Zeigefinger, und messen Sie die Länge der späteren Flügel ab. Die Flügel werden so lang sein wie der Abstand zwischen Hakenspitze und Hakenöhr. Die Länge können Sie markieren, indem Sie mit dem Daumennagel gegen den Zeigefinger in die Haare drücken.

6. Geben Sie nun einen Tropfen Kleber auf den Einbindepunkt am Haken, legen Sie das Haar oben auf den Hakenschenkel, und machen Sie sechs Windungen Richtung Schwänzchen über das Material.

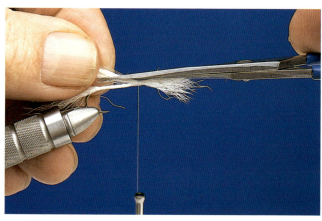

7. Heben Sie nun die Haarenden an, und schneiden Sie diese in einem spitzen Winkel zum Hakenschenkel, wie auf dem Foto zu sehen, ab. Binden Sie danach die Haarenden weiter runter, bis Sie am Ansatz des Schwänzchens angekommen sind.

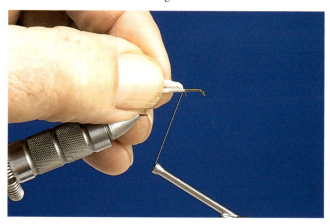

8. Führen Sie dann den Bindefaden wieder nach vorne, greifen Sie das Flügelmaterial mit Daumen und Zeigefinger der linken Hand, und ziehen Sie es straff in Richtung Hakenende.

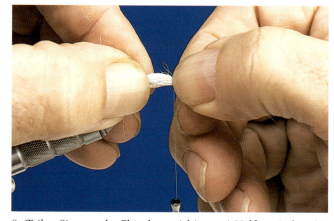

9. Teilen Sie nun das Flügelmaterial in zwei Hälften, indem Sie den Daumennagel der rechten Hand an der Basis in die Mitte des Flügelmaterials drücken.

10. Wenn das Material in zwei gleichmäßige Hälften geteilt wurde, ziehen Sie den Flügel auf der zu Ihnen zeigenden Seite zu sich hin, und machen Sie mit dem Bindefaden einige Windungen zwischen den Flügeln hindurch, um diese dauerhaft zu teilen.

11. Der Faden wird nun außen um den zu Ihnen zeigenden Flügel geführt, dann diagonal zwischen den Flügel hindurch. Nehmen Sie dann den anderen Flügel, führen Sie an dessen Ansatz den Bindefaden außen entlang, und führen Sie diesen wieder diagonal durch die Mitte der Flügel. Bei dieser Achterwicklung – der Faden bindet dabei jeweils einen der beiden Flügel ein – läuft dieser auf der Oberseite des Hakens zwischen den Flügel stets diagonal von hinten nach vorne. Wiederholen Sie diese Achterwicklung einige Male, um die Flügel deutlich zu trennen und zu stabilisieren.

12. Geben Sie nun einen kleinen Tropfen Kleber zwischen die Flügel. Dieser versteift und stärkt die Flügelbasis. Nun können wir uns an das Dubbing machen.

13. Das Dubbing besteht aus ausgebürsteter Wolle, die Herstellung kennen Sie aus Kapitel 2. Nehmen Sie etwas weiße Wolle, geben Sie diese auf eine Bürste, und kämmen Sie diese im Sandwich-Verfahren gegen eine andere Bürste durch. Die Fasern der Wolle werden dadurch getrennt und ausgerichtet.

14. Nehmen Sie ein wenig Wolle von der Bürste, indem Sie die Faserspitzen mit Daumen und Zeigefinger fassen. Nehmen Sie nicht zu viel, denn wir wollen ja Dubbing für eine Trockenfliege machen.

15. Legen Sie die Faserspitzen der Wolle so dicht wie möglich an die Stelle, an der sich der Bindefaden und der Hakenschenkel treffen. Drehen Sie dann die Fasern gegen den Uhrzeigersinn um den Bindefaden. Sobald die Fasern Halt gefunden haben, machen Sie mit dem Dubbing-Strang eine Wickelung um den Hakenschenkel, um das Material zwischen Bindefaden und dem Hakenschenkel zu sichern. Dann halten Sie den Bobbin mit Ihrer linken Hand, und greifen Sie, bei gespanntem Bindefaden, mit der rechten Hand sowohl das untere Ende der Wollfasern als auch den Bindefaden. Ziehen Sie das Dubbing ein wenig, und drehen Sie es zwischen Daumen und Zeigefinger gegen den Uhrzeigersinn um den Bindefaden.

16. Halten Sie nun Dubbing, Bindefaden und Bobbin in der Hand, während Sie das Dubbing in Richtung Flügel um den Hakenschenkel winden. Während Sie mit den Dubbing-Windungen den Körper der White Wulff formen, sollte Daumen und Zeigefinger wie auf dem Foto zum Hakenschenkel zeigen und als Führung dienen. Sobald Sie die Flügel erreicht haben, biegen Sie diese vorsichtig nach hinten, und winden Sie auch direkt vor diese ein wenig Dubbing.

17. Beenden Sie das Winden des Dubbing eineinhalb Öhrlängen hinter dem Öhr. Die Dubbing-Windungen direkt vor und hinter den Flügeln sind das Fundament für die Hechel, die wir im nächsten Schritt anbringen werden.

18. Wählen Sie zwei Hechelfedern von einem weißen Hahnensattel aus, und entfernen Sie den weichen Flaum. Halten Sie die erste Hechelfeder in der linken Hand mit der gewölbten (glänzenden) Seite Richtung Öhr, und binden Sie den Stamm der Feder am Haken an. Mit der zweiten Feder verfahren Sie anschließend genauso.

DAS BINDEN VON TROCKENFLIEGEN ■ 51

19. Die Feder, die dichter an den Flügeln ist, wird zuerst verwendet. Winden Sie diese zweimal vor den Flügeln um den Hakenschenkel, machen Sie dann eine Windung hinter den Flügeln, führen Sie sie wieder nach vorne, und machen Sie hier drei weitere Windungen, wobei die letzte davon vor der zweiten Feder endet. Binden Sie die erste Feder ab.

20. Mit der zweiten Feder machen Sie zuerst einige Windungen vor den Flügeln, dann drei Windungen hinter den Flügeln, wobei Sie bei der dritten Windung die Feder wieder nach vorne führen. Verwenden Sie diese Feder, um weitere Windungen Richtung Öhr zu machen, dann binden Sie auch diese Feder ab, machen einen Abschlußknoten und geben etwas Lack oder Kleber auf das Köpfchen.

DIE DOPPEL-HECHEL

Größere Trockenfliegen und solche, die in starker Strömung gefischt werden sollen, benötigen eine starke Behechelung, für deren Herstellung oft zwei identische Federn benutzt werden, wie beispielsweise bei der White Wulff. Bei anderen Mustern, beispielsweise der bekannten Adams, werden zwei unterschiedlich gefärbte Hecheln verwendet, auch Mixed-Hackle genannt.

Die Herstellung der folgenden Fliege, eine Haarflügel-Variante der Adams (Hairwing Adams), zeigt Ihnen, wie diese Technik funktioniert. Diese Technik können Sie immer benutzen, wenn Sie zwei Hecheln verwenden möchten. Wir beginnen nachfolgend mit dem ersten Schritt nach dem Einbinden der ersten Hechel.

Die Hairwing Adams

Haken:	Standard-Trockenhaken, Größe 4 bis 12
Faden:	12/0, schwarz
Schwanz:	Elk Mane (oder Rehhaar)
Flügel:	Murmeltier (oder Rehhaar)
Körper:	Dubbing aus grauer Wolle
Hechel:	Zwei Grizzly-Federn vom Hahn, eine davon naturfarben, die andere braun gefärbt

1. Befestigen Sie die Hechel hinter dem Flügel, lassen Sie dabei aber zwischen der Hechel und dem Flügel genügend Platz für eine Windung mit der Hechelfeder.

2. Führen Sie den Bindefaden nach vorne bis eineinhalb Öhrlängen hinter dem Öhr, und binden Sie die zweite Hechel ein.

3. Beginnen Sie mit der Fronthechel. Machen Sie eine Windung vor dem Flügel, eine hinter dem Flügel und dann wieder zwei vor dem Flügel.

4. Fangen Sie die Feder mit dem Bindefaden ab, und schneiden Sie die überstehende Spitze ab.

DAS BINDEN VON TROCKENFLIEGEN ■ 53

5. Nun zur zweiten Feder: Machen Sie eine Windung hinter dem Flügel, bringen Sie die Hechelfeder vor den Flügel, und machen Sie dort zwei Windungen. Versuchen Sie, diese zwischen die Windungen der ersten Feder zu setzen, dann drücken Sie nicht so viele Fibern nieder.

6. Fangen Sie dann die zweite Feder mit dem Bindefaden, und beenden Sie den Kopf der Fliege wie gewohnt.

DIE LIGHT CAHILL SPARKLE DUN

Bei dieser Variante der Light Cahill werden für das Schwänzchen anstelle der üblichen Hechelfibern cremefarbene Antron-Fasern verwendet. Das transparente Kunststoffmaterial wird zwar als Schwänzchen eingebunden, soll aber eigentlich die Nymphenhülle imitieren, aus der die Eintagsfliege gerade ganz frisch geschlüpft ist, denn gerade diese noch nicht flugfähigen Eintagsfliegen sind eine bevorzugte Beute der Fische. Diese Nymphenhülle können Sie, wie gesagt, sehr einfach mit Antron-Material imitieren, auch bei anderen Fliegenmustern. Wir möchten die Light Cahill Sparkle Dun daher eher nutzen, um Ihnen einmal die Technik zu zeigen, mit der Sie Flügel aus Federn der Ente herstellen können.

Die Light Cahill Sparkle Dun

Haken: Standard-Trockenhaken, Größe 14 bis 18
Faden: 8/0, hellbraun
Schwanz: Antron Sparkle Yarn, cremefarben
Flügel: Brautente, Flankenfeder
Körper: Woll-Dubbing, blaßgelb
Hechel: Hahnenfeder, ginger

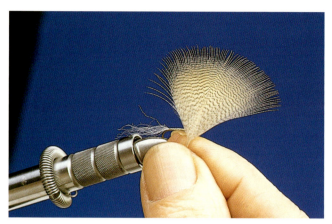

1. Starten Sie mit der Grundwicklung ein Drittel der Hakenlänge hinter dem Öhr, und wickeln Sie diese, bis Sie etwa die Höhe zwischen Spitze und Widerhaken erreicht haben. Binden Sie das Antron Sparkle Yarn oder Antron-Fasern für die Imitation der Nymphenhülle wie ein Schwänzchen ein. Führen Sie den Bindefaden nach vorne, und wählen Sie zwei gleiche Flankenfedern der Brautente (Mallard) aus. Halten Sie diese aneinander, und richten Sie die Spitzen der Fibern aus.

2. Streifen Sie nun den unbrauchbaren Flaum vom Ansatz der Federn ab, und entfernen Sie das Material, das Sie nicht für die Flügel verwenden möchten. Wenn Sie die Fibern vom Stamm abstreifen, gehen Sie sicher, daß Sie die Spitzen nicht beschädigen.

DAS BINDEN VON TROCKENFLIEGEN ▪ 55

3. Legen Sie die Federn am Ansatz der Fibern aufeinander, und nehmen Sie diese in die linke Hand, um die Länge der Flügel abzumessen. Die Länge sollte dem Abstand auf dem Hakenschenkel zwischen dem Beginn des Öhrs und dem Beginn der Hakenspitze entsprechen. Binden Sie nun die Federn mit nach vorne, also zum Öhr zeigenden Spitzen ein, und teilen Sie diese mit dem Daumennagel in zwei gleich große Büschel. Anschließend führen Sie den Bindefaden in Achterschlingen um die beiden Flügel, wie bereits beim Haarflügel der White Wulff beschrieben.

4. Dubben Sie nun mit gelber Wolle den Fliegenkörper, und vergessen Sie dabei auch den Teil vor den Flügeln nicht. Etwa eine Öhrbreite vor dem Hakenöhr sollten Sie das Dubben beenden, um noch Platz für die Hecheln zu haben. Binden Sie nun die Hechelfeder ein.

5. Nun winden wir die Hechel. Insgesamt machen Sie acht Wicklungen: zwei vor den Flügeln, drei dahinter und weitere drei wieder vor den Flügeln. Wenn Sie die letzten drei Windungen vor den Flügeln machen, sollten Sie diese zwischen die bereits dort vorhandenen Hechelwicklungen machen, um möglichst wenig Fibern herunterzudrücken. Die letzte Wicklung machen Sie dann genau vor alle bereits bestehenden, binden die Feder mit dem Bindefaden ab, schneiden die restliche Feder ab und schließen die Fliege mit einem Köpfchen ab.

DIE PALE MORNING DUN PARACHUTE

Parachutes, also Fallschirmfliegen, sind seit langer Zeit beim Fliegenfischen sehr populär. Der Unterschied zu anderen Mustern ist der, daß bei diesen Parachutes die Hechelfeder horizontal an der Fliege befestigt wird. Sehr gut geht dies, wenn man dazu einen Flügel aus Haar einbindet, der als Basis für die Hechel und auch als Sichthilfe dient.

Die Pale Morning Dun Parachute

Haken:	Standard-Trockenhaken, Größe 12 bis 20
Faden:	8/0, hellbraun
Schwanz:	Hechelfibern
Flügel:	Kalbshaar vom Körper
Körper:	Woll-Dubbing, blaßgelb, gemischt aus gelber und grauer oder brauner Wolle
Hechel:	Hahnenfeder vom Nacken oder Sattel, braun

1. Starten Sie mit dem Bindefaden ein Stück hinter dem ersten Drittel des Hakenschenkels, und wickeln Sie diesen bis in Höhe der Hakenspitze. Binden Sie das Schwänzchen ein, und führen Sie den Bindefaden wieder nach vorne. Schneiden Sie für den Flügel ein Büschel Kalbshaar ab, nehmen Sie aber nur etwa halb so viel, wie Sie bei der Fliege mit dem geteilten Flügel benutzt haben. Richten Sie nun mit dem Stacker die Haarspitzen aus, und messen Sie die Länge des Flügels ab. Dieser sollte der Länge am Schenkel zwischen der Hakenspitze und dem Öhr entsprechen. Binden Sie nun die Haare, die Spitzen Richtung Öhr zeigend, ein.

2. Damit der Flügel nach oben steht, machen Sie mit dem Bindefaden direkt vor diesem eine ganze Anzahl Wicklungen, bis dieser fest nach oben steht.

3. Damit der Flügel in dieser Position bleibt, machen Sie nun mit dem Bindefaden eine Wicklung im Uhrzeigersinn um den Flügelansatz, führen Sie den Faden um den Hakenschenkel, und machen Sie eine weitere Wicklung um den Flügelansatz, diesmal aber gegen den Uhrzeigersinn. Dadurch erreichen Sie, daß Sie mit dem Bindefaden auf beiden Seiten des Flügels den gleichen Druck erzeugen. Nach diesen Wicklungen führen Sie den Faden wieder in die Mitte des Körpers.

DAS BINDEN VON TROCKENFLIEGEN ■ 57

4. Dubben sie nun den Körper. Wenn Sie vor dem Flügel angekommen sind, formen Sie aus dem Dubbing einen kleinen Ball, um den Vorderkörper zu imitieren.

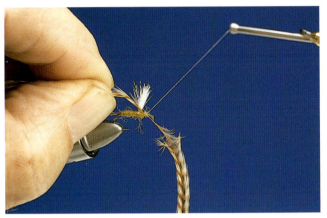

5. Streifen Sie einige Fibern vom Stamm der Hechel ab. Machen Sie dann mit dem Bindefaden um den Stamm und den Hakenschenkel eine Windung.

6. Bringen Sie jetzt den Bindefaden vor den Hechelstamm, und machen Sie nur eine Wicklung mit dem Faden um den Hakenschenkel.

7. Nun machen Sie wieder einige Wicklungen über beide, Stamm und Schenkel, und führen Sie dabei den Bindefaden Richtung Öhr.

8. Entfernen Sie den Teil der Feder, den Sie nicht mehr benötigen, und wickeln Sie den Bindefaden bis an das Dubbing vor dem Flügel. Spinnen Sie noch etwas Dubbing auf, lassen Sie aber (wie auf dem Foto zu sehen) einen Teil des Bindefadens frei.

9. Starten Sie jetzt mit den Hechelwindungen um den Flügel. Halten Sie dabei den Flügel mit der linken Hand fest, und wickeln Sie die Hechel im Uhrzeigersinn um diesen.

10. Nach drei oder vier Windungen stoppen Sie auf der Rückseite der Fliege und nehmen die Spitze der Hechelfeder in die rechte Hand. Ziehen Sie diese dann vorsichtig zu sich heran, und zwar über den Hakenschenkel hinweg und unter dem Bindefaden hindurch.

12. Streifen Sie die Fibern nach hinten, damit Sie Platz für weitere Wicklungen mit dem Bindefaden haben, um den nach hinten geklappten Hechelstamm am Haken zu fixieren.

11. Führen Sie die Hechel jetzt nach hinten.

13. Halten Sie die Fibern weiter nach hinten, und bringen Sie vor dem Flügel noch etwas Dubbing auf den Schenkel, um den Thorax zu vervollständigen. Anschließend können Sie den Bindefaden mit einem halben Schlag sichern.

14. Schneiden Sie die hinten überstehende Hechelfeder ab, oder brechen Sie deren Stamm ab, indem Sie einen Ruck nach hinten machen. Geben Sie etwas Kleber oder Lack auf das Köpfchen und auf den Ansatz des Flügels, schon ist Ihre erste Parachute fertig.

DIE DAM'S HAIRWING CADDISFLY

Ich saß gerade in einem Angelgeschäft in Brule, Wisconsin, als ein wild aussehender, bärtiger Mann in den Laden kam und fragte, ob ein Typ namens Royce Dam anwesend sei – ich wußte wirklich nicht, ob ich sitzen bleiben oder lieber abhauen sollte. Der Inhaber des Shops nahm mir die Entscheidung ab, zeigte in meine Richtung und sagte: „Er sitzt da am Tisch und bindet Fliegen." Dies war für mich der Beginn eines großen Abenteuers ...

Der Mann, der zu mir geschlendert kam, war Jack McGee. Jack, so erfuhr ich, campte und fischte bereits seit einer Woche am Brule, und das erklärte auch seine wilde Erscheinung. Er fragte mich, ob ich Lust hätte, mit ihm zum Fischen zu gehen, und das war der Beginn einer noch immer andauernden Freundschaft.

Die Zeit verging. Jahre später assistierte ich an einem Wochenende Garry Borger während eines Workshops, als mich Garry fragte, ob ich jemals den Yellowstone River gefischt hätte. Als ich ihm erklärte, daß, wenn das Geld an den Bäumen wüchse, ich sicherlich eines dieser hervorragenden Gewässer besäße, schlug Garry vor, daß wir ja gemeinsam im Auto fahren und die Kosten teilen könnten. Der Trip schien auf einmal möglich zu werden, und ich dachte auch an meinen alten Freund Jack McGee, ob dieser eventuell ebenfalls Interesse an dieser Tour haben könnte.

Jack war Pilot und flog eine Frachtmaschine für eine Firma außerhalb von Milwaukee. Er war von meiner Idee sehr angetan, brachte diese aber noch einen Schritt weiter: „Warum fliegen wir nicht einfach und teilen uns dann die Spritkosten?"

Wir wurden uns alle schnell einig, und der Trip stand: Garry, der einige Tage vor uns mit dem Wagen fuhr, wollte uns bei unserer Ankunft am Flughafen aufsammeln. Sie müssen dabei wissen, daß ich noch nie in meinem Leben geflogen bin, auch nicht, als ich bei den Marines war.

Als wir schließlich losflogen, begannen meine Nerven dann auch prompt zu flattern. Eine kleine, dreisitzige Maschine ist ja auch nicht gerade das Fluggerät, bei dem man das Gefühl haben müßte, daß man auf jeden Fall sicher ankommen wird. Doch Jack ist so ein Spaßvogel, daß er mich während des Fluges davon abhielt, mir über unser vorzeitiges Ableben durch einen möglichen Absturz Gedanken zu machen – alles ging gut.

Garry holte uns am Flughafen ab und wir fuhren gleich zu einem Campingplatz nach Yellowstone. Ich bewunderte die Landschaft. Sicher, auch der Norden Wisconsins ist eine wilde Schönheit, doch die Bergspitzen, die ich im Westen sah, waren atemberaubend, aus den Spalten in der Erde stieg aus heißen Quellen Dampf auf, Wapitihirsche kreuzten vor uns die Straße und Büffel stapften durch die Wiesen. Es war wie in einem Land vor unserer Zeit.

Fieberhaft bauten wir unser Camp auf, in der Hoffnung, vor dem Dunkelwerden noch etwas Zeit zum Fischen zu haben. Garry lud uns anschließend in seinen Van, um mit uns noch einen schnellen Abstecher an den Yellowstone River zu machen. Als er in die Parkbucht fuhr, standen die Reifen noch nicht ganz still, als wir die Türen aufrissen und wie von der Tarantel gestochen aus dem Wagen sprangen. Aber so sind Angler nun einmal, wenn Sie Wasser sehen …

Da dies mein erster Trip an den Yellowstone war, entschloß ich mich jedoch, mir etwas Zeit zu nehmen und die Gegend anzuschauen, während die anderen bereits die Ruten zusammensteckten und in die Wathosen sprangen. Während ich mich umschaute, bemerkte ich einige Insekten umherschwirren, die ich fing, um zu sehen, wonach die Fische am Fluß steigen würden. Leider wurde es so schnell dunkel, daß wir an diesem Tag nicht mehr richtig zum Fischen kamen …

Zurück im Camp, holte ich meine kleine Bindeausrüstung hervor, die ich auf Reisen immer dabei habe. Da ich weder einen Bindetisch noch vernünftiges Licht hatte, setzte ich mich in den Van und band im Licht der spärlichen Innenbeleuchtung ein paar Köcherfliegen, damit wir mit diesen am kommenden Morgen fischen konnten. Die Insekten, die ich gefangen hatte, waren klein, passend für die Hakengröße 18 oder 20.

Diese Winzigkeit und das funzelige Licht – ich öffnete auch noch das Handschuhfach, um selbst diese zusätzliche Lichtquelle zu nutzen – machte das Binden nicht gerade leicht. Wegen der schwierigen Bedingungen band ich die Köcherfliegen auf die einfachste nur denkbare Weise. Am kommenden Morgen würde sich ja zeigen, ob diese Fliegen was taugten oder nicht. Als ich mit dem Binden fertig war, legte auch ich mich schlafen und träumte von Cutthroats, die an der Leine tanzten …

Der Morgen kam viel zu schnell, doch ich hatte für jeden meiner Partner einige Fliegen binden können, die ich beim hastigen Frühstück verteilte.

Wir machten uns auf den Weg an den Fluß – meine kleine Fliege war ein wahrer Verführungskünstler! Bis kurz vor Mittag konnte ich mit ihr 45 Forellen fangen, und als der Tag zu Ende ging, hatte jeder von uns an die hundert Fische gefangen! Ich weiß es genau, denn solche seltenen Tage bleiben mir gut im Gedächtnis.

Diese magische kleine Fliege von damals ist die nächste, die ich zusammen mit Ihnen binden möchte. Falls Sie mal an den Yellowstone fahren sollten, binden Sie sich am besten vor Ihrer Abreise schon mal ein Dutzend davon auf Vorrat, doch auch an anderen Flüssen leistet diese kleine Fliege gute Dienste.

Übrigens: Viele Jahre nach diesem Tag fragte mich Garry, ob ich mich an den 100-Fische-Tag am Yellowstone erinnern könne. Wer könnte so einen Tag je vergessen!

Die Dam's Hairwing Caddisfly

Haken:	Standard-Trockenhaken, Größe 12 bis 20
Faden:	8/0, schwarz
Körper:	Woll-Dubbing, hellbraun
Flügel:	Haar vom Weißwedelhirsch oder Wapiti (oder Rehhaar)
Hechel:	Grizzlyfeder

1. Legen Sie den Bindefaden an, und winden Sie ihn bis ans Ende des Hakenschenkels. Bereiten Sie Wolldubbing zu, und formen Sie den Körper. Der Flügel der Fliege wird aus Körperhaaren vom Weißwedelhirsch hergestellt, Sie benötigen ein Stück mit möglichst feinen Haaren.

DAS BINDEN VON TROCKENFLIEGEN ▪ 61

2. Schneiden Sie ein kleines Büschel Haare dicht am Leder ab. Binden Sie dieses mit den Spitzen nach hinten am Vorderende des Körpers ein, während Sie es mit dem linken Zeigefinger in Position halten.

4. Heben Sie die Haarenden an, und schneiden Sie diese ab. Dann binden Sie die Enden mit dem Bindefaden auf den Schenkel.

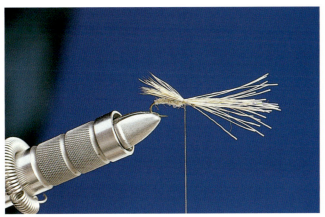

3. Die Spitzen der Haare sollten dabei, wie auf diesem Foto zu sehen, etwas über den Hakenbogen hinausragen.

62 ■ FLIEGENBINDEN

5. Legen Sie eine Hechelfeder fest, und winden Sie diese um den Haken. Binden Sie dann die Feder ab, und beenden Sie das Köpfchen der Fliege.

DIE TENT-WING CADDIS

Die nächste Fliege, die ich Ihnen zeigen möchte, ist eine Köcherfliegen-Imitation mit einem dach- oder zeltförmigen Flügel, die diese Nachbildung sehr realistisch macht. Der Flügel besteht aus zwei Elementen, einem spärlichen Haarbüschel sowie einem in Form geschnittenen Segment einer Gänsefeder darüber.

Die Tent-Wing Caddis

Haken:	Standard-Trockenhaken, Größe 14 bis 20
Faden:	8/0, schwarz
Körper:	Woll-Dubbing, hellbraun
Flügel:	Haar vom Weißwedelhirsch oder Wapiti (oder Rehhaar) sowie ein Segment der Gänsefeder, alles schwarz
Hechel:	Grizzlyfeder, schwarz oder dunkelgrau

DAS BINDEN VON TROCKENFLIEGEN ■ 63

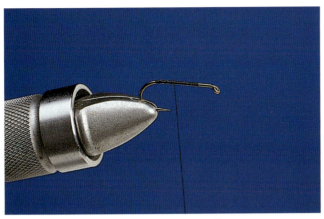

1. Beginnen Sie mit dem Bindefaden eine Öhrbreite hinter dem Öhr, und winden Sie diesen bis in Höhe des Widerhakens. Führen Sie diesen dann zurück bis in die Mitte des Schenkels.

2. Beginnen Sie von dort aus, den Körper aus Dubbing zu formen. Wickeln Sie etwas Dubbing um den Faden, und führen Sie diesen zuerst nach hinten und dann nach vorne. Dadurch erreichen Sie, daß der Körper hinten etwas dicker als vorne ist, und das ist bei dieser Fliege gewollt. Das Dubben beenden Sie eine Öhrbreite hinter dem Hakenöhr.

3. Schneiden Sie ein feines Büschel Haare ab. Richten Sie mit dem Stacker die Spitzen aus, und messen Sie die Länge ab. Diese sollte vom Öhr bis zum Hakenbogen reichen.

4. Schneiden Sie das Haar auf Länge, und geben Sie dann ein bißchen Lack oder Kleber auf die Stelle, an der Sie das Material einbinden werden. Binden Sie dann die Haare ein.

5. Formen Sie den Kopf, bevor Sie den Oberflügel einbinden.

6. Schneiden Sie für den Oberflügel ein Segment aus einer schwarzen Gänsefeder, die Sie zuvor mit Flügelfixierer bestrichen haben. Das Segment sollte groß genug sein, um die Oberseite der Fliege zu bedecken.

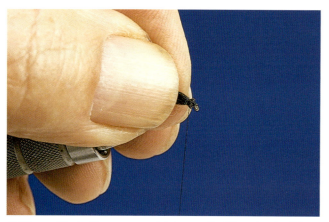

7. Biegen Sie das Segment vorsichtig um die Oberseite der Fliege, und binden Sie dieses ein. Formen Sie dann das Köpfchen, und führen Sie dann die Wicklungen des Bindefadens zurück an den Flügelansatz.

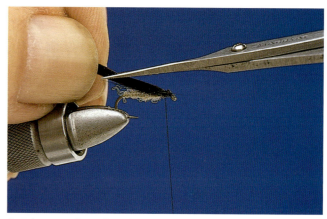

8. Falten Sie dann den Flügel längs dachförmig zusammen, und schneiden Sie das Ende, wie auf dem Foto zu sehen, schräg ab.

9. Binden Sie nun die Hechel ein, und machen Sie dicht am Flügelansatz zwei oder drei Windungen. Binden Sie die Hechel ab, und entfernen Sie den Rest der Feder. Beenden Sie Ihre Bindearbeit mit einem Abschlußknoten und einem Tropfen Lack oder Kleber auf das Köpfchen der Fliege.

DER SPENT-WING RUSTY SPINNER

An diesem Muster, das eine tote Eintagsfliege imitiert, möchte ich Ihnen zeigen, wie synthetisches Material für die Herstellung von Flügeln und Schwänzchen verwendet wird. Die verwendeten Schwanzfäden sind unter verschiedenen Namen im Handel erhältlich, für die Flügel verwenden Sie Polypropylen, das ebenfalls unter verschiedenen Namen zu haben ist: Antron, Sparkle Yarn oder auch Z-Lon.

Die Techniken für das Binden des Schwänzchen und der Flügel mit dem künstlichen Material unterscheiden sich von denen, die Sie bislang gelernt haben. Ich möchte sie Ihnen daher einmal am Beispiel dieses Spent-Musters zeigen.

Der Spent-Wing Rusty Spinner

Haken:	Standard-Trockenhaken, Größe 16 bis 22
Faden:	8/0, dunkelbraun
Schwanz:	rötliche Schwanzfäden (Microfibetts oder ähnliches)
Flügel:	Poly Yarn oder Sparkle Yarn
Körper:	Woll-Dubbing, rostfarben

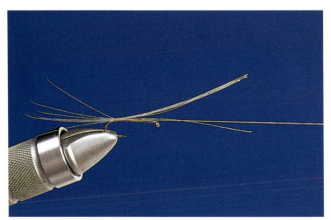

1. Legen Sie die Grundwicklungen um den Hakenschenkel. Machen Sie am hinteren Ende des Hakens nun einige zusätzliche Wicklungen, um eine kleine ballartige Erhöhung zu formen. Befestigen Sie dann die künstlichen Schwanzfäden mit einigen Wicklungen des Fadens. Die Schwanzfäden dieser Fliegen sollten sehr lang ausfallen, etwa doppelt so lang wie der Hakenschenkel.

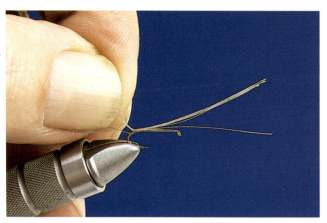

2. Heben Sie die Schwanzfäden an, und führen Sie den Bindefaden unter diesen entlang.

3. Legen Sie nun den Bindefaden auf die Hakenseite, und ziehen Sie diesen dann Richtung Hakenöhr straff. Dadurch spreizen sich die Schwanzfäden und stellen sich schön auf.

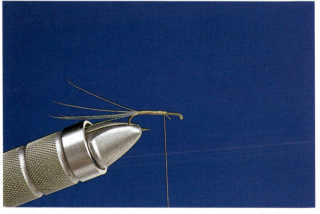

4. Binden Sie nun die Enden der Fibern fest ein, und schneiden Sie deren Enden ab. Die Fibern sollten bis etwa am letzten Drittel des Hakenschenkels enden.

5. Schneiden Sie ein Stück Polypropylene oder Sparkle Yarn ab, das lang genug sein sollte, um es einfach verarbeiten zu können. Sie werden dieses später noch kürzen. Halten Sie dieses mittig über den Bindefaden, und machen Sie mit diesem eine Wicklung.

7. Machen Sie nun weitere diagonale Wicklungen, diesmal aber von vorne nach hinten. Absicht dieser Bindeweise ist es, eine kreuzförmige Wicklung zu machen, die auch Achterwicklung genannt wird. Durch diese Wickeltechnik werden die beiden Flügel seitlich des Fliegenkörpers fixiert.

6. Nehmen Sie nun das eine Ende dieser Fasern, und ziehen Sie diese im 90-Grad-Winkel zu sich heran, und machen Sie eine Reihe diagonaler Wicklungen mit dem Bindefaden darüber, immer von hinten nach vorne.

DAS BINDEN VON TROCKENFLIEGEN ■ 67

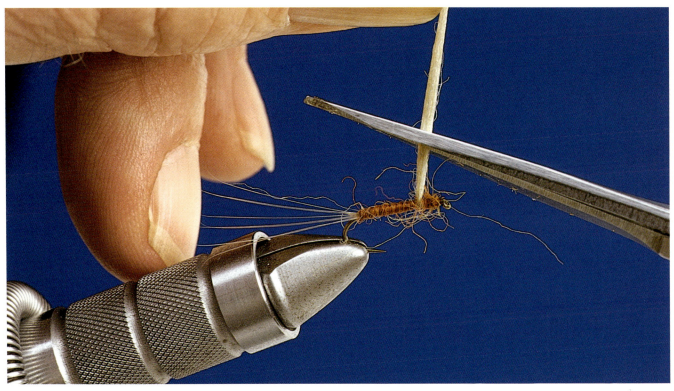

8. Geben Sie nun etwas Dubbing auf den Bindefaden, fertigen Sie den Körper der Fliege, und formen Sie einen kleinen Thorax um die Flügel der Fliege. Anschließend binden Sie den Bindefaden ab, fassen beide Flügel und heben diese, wie auf dem Foto zu sehen, an. Mit einer Schere werden sie nun auf eine gleiche Länge geschnitten. Kopf lackieren, fertig ist Ihr erstes Spent-Muster!

DIE ARROW HEAD

Die Arrow Head ist eine sehr hoch auf dem Wasser schwimmende, zweifarbige Trockenfliege. Es werden beim Binden zwei Hechelfedern benutzt, deren Spitzen gleichzeitig das Schwänzchen bilden. Der Körper besteht aus Pfauengras, der mit einer Bindefadenschlaufe verdreht wird, um die Haltbarkeit zu erhöhen.

Die Arrow Head	
Haken:	Standard-Trockenhaken, Größe 10 bis 14
Faden:	8/0, schwarz
Körper:	Pfauengras (Fibern der Schwertfeder)
Flügel:	Spitzen der Hechelfedern
Hechel:	eine Grizzlyfeder und eine braune Hahnenfeder

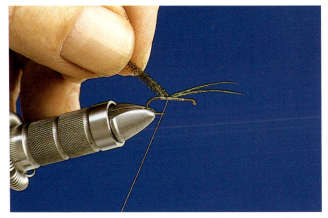

1. Starten Sie mit dem Bindefaden ein Stück hinter dem Öhr des Hakenschenkels, und wickeln Sie diesen bis in Höhe der Hakenspitze und dann wieder bis in die Mitte des Schenkels. Binden Sie nun zwei Fibern Pfauengras ein.

2. Wickeln Sie diese um den Bindefaden, und halten Sie dann die Enden des Pfauengrases und den Bindefaden zusammen.

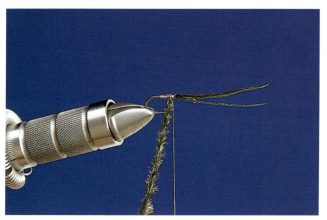

3. Während Sie alles halten, führen Sie den Bobbin dicht am eingebundenen Pfauengras über den Hakenschenkel und legen eine Wickelung. Dann führen Sie den Faden bis kurz hinter das Öhr. Sie haben nun einen Schlaufe des Bindefadens, von dem eine Seite bereits mit dem Pfauengras verdreht ist.

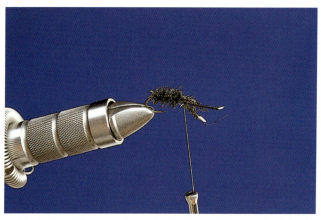

4. Verdrehen Sie nun diese Schlaufe in sich, damit sich das Pfauengras und der Faden weiter miteinander verdrehen. Das macht den Strang extrem haltbar und schützt das empfindliche Pfauengras. Wickeln Sie dann diesen Strang von hinten nach vorne bis zum Bindefaden um den Hakenschenkel.

5. Binden Sie diesen ab, und schneiden Sie den Rest ab.

6. Führen Sie den Bindefaden spiralförmig über den Pfauengraskörper, bis Sie das Ende des Hakens erreicht haben. Wählen Sie zwei Hechelfedern aus, eine Grizzly und eine braune.

#

7. Entfernen Sie die Fibern von den Spitzen am Einbindepunkt. Halten Sie diese dann mit nach hinten zeigenden Spitzen über den Haken.

8. Sichern Sie die Hechelspitzen mit einigen Windungen des Bindefadens.

9. Nehmen Sie jetzt zunächst die beiden Hecheln aus dem Weg, und bringen Sie den Bindefaden nach vorne. Dann winden Sie zunächst die braune Hechel Richtung Öhr, wobei Sie zwischen den Windungen genügend Platz für die Wicklungen der zweiten Hechel lassen sollten. Binden Sie die braune Hechel ab, und machen Sie jetzt die Hechel aus der Grizzly-Feder. Binden Sie diese ab, und fertigen Sie das Köpfchen der Fliege. Beim Abtrennen der beiden Federn können Sie die Techniken verwenden, die Sie bereits bei den vorhergehenden Fliegen gelernt haben.

DIE BROWN DRAKE – EINE FLIEGE DER BESONDEREN ART

Zurück zum August des Jahres 1990. Die Federation of Fly Fishers bat zu ihrem jährlichen Treffen in Eugene, Oregon. Mein guter Freund Lou Biscoff und ich hatten geplant, diese Reise zusammen anzutreten. Lou wollte nach dem Treffen noch für einige Tage nach Alaska weiterreisen. Ich wollte nach dem Meeting ein wenig mit ihm fischen, bevor ich allein zurückfliegen mußte.

Wir verabredeten uns mit zwei Freunden von Lou im Yellowstone. Von dort aus wollten wir dann mit vollem Gepäck circa acht Kilometer ins Hochland wandern. Rückblickend kann ich zu diesem Plan nur eines sagen: Ich weiß nicht, welch geistige Umnachtung mich damals dazu veranlaßte, dieser Idee zuzustimmen! Einen solchen Marsch hatte ich schon seit meiner Zeit bei der Marine nicht mehr gemacht. Und mit 65 Jahren war ich auch nicht mehr gerade der Jüngste. Aber die anderen redeten mir ein, daß man immer nur so alt ist, wie man sich geistig fühlt. Mit dieser Einstellung trat ich also unseren Fußmarsch an. Wie gesagt, ich muß geistig umnachtet gewesen sein ...

Die Temperatur lag bei ungefähr 33 Grad Celsius, doch nicht allein die Hitze machte einem zu schaffen, sondern auch das Problem, daß die Luft, je höher wir stiegen, immer dünner wurde – ich hatte das Gefühl, als ob mein Rücken, meine Füße und Lungenflügel in Flammen stünden. Nach Luft schnappend sank ich völlig erschöpft zu Boden und befahl meinen Freunden, mich gleich an Ort und Stelle zu beerdigen. Die dachten natürlich gar nicht daran, und anstatt die Schaufel und die Spaten zur Hand zu nehmen, griffen sie zu etwas anderem: zu blankem Spott. Die Bemerkung, „Wir haben wohl eine alte Oma in unserer Gruppe", ließ die Lebensgeister in meinen Körper zurückkehren, und ich konnte den restlichen Weg, von der eigenen Ehre angetrieben, doch noch hinter mich bringen.

Am Zielort angekommen, fanden wir sodann auch ein herrliches Fleckchen Erde direkt neben dem Fluß. Das Zelt wurde aufgeschlagen, die Schlafsäcke ausgerollt und letztendlich wurden die Nahrungsmittel in die Bäume gehängt, schließlich wollten wir in der Nacht unser ohnehin sehr kleines Zelt, das laut Herstellerangaben aber für vier Personen ausgelegt war, nicht auch noch mit hungrigen Grizzlys teilen ...

Wenn auch Sie ein gewisses Alter erreicht haben, wissen Sie, daß es durchaus Gründe gibt, die einen nachts zum Aufstehen zwingen – zum Glück wurde mir damals der Schlafplatz am Ende des Zeltes zugewiesen, so daß ich lediglich über drei Personen kriechen mußte. Ich hoffte inständig, daß mich die Fischerei für all diese Strapazen entschädigen würde.

Glücklicherweise wurde es wirklich eine gute Fischerei, für einige von uns jedenfalls. Eines Abends begannen die Brown Drakes (Ephemera simulans) zu schlüpfen, und Lou war der einzige unter uns, der dieses Muster mit sich führte, denn ich hatte ihm einige Tage zuvor für seine noch anstehende Alaska-Reise all meine Brown Drakes geschenkt ...

Und so kam es, wie es kommen mußte: Lou fing einen schönen Fisch nach dem anderen, während wir drei anderen Schneider blieben. Nach einiger Zeit überwand ich mein falsches Ehrgefühl und fragte Lou, wie viele Fliegen ich ihm denn eigentlich gegeben hätte. Nachdem er eine weitere prächtige Forelle gehakt hatte, drehte er sich zu mir um und antwortete mir mit einem süffisanten Grinsen im Gesicht: „Entschuldige Royce, aber du hast mir nur so viele gegeben, daß sie gerade ausreichen. Für mich!" Ich glaube, er wollte sich damit ein wenig Genugtuung für einen Fischereitag am Prairie River verschaffen, als ich zahlreiche herrliche Fische fing und er nicht einen. Ich bin mir nicht sicher, aber ich denke sogar, es hat ihm mehr Freude bereitet, uns zu necken, als diese schönen Forellen zu fangen. Aber sei dir sicher Lou, der Tag wird kommen ...

Trotz meines fischereilichen Offenbarungseides war diese Reise ein unbezahlbares Erlebnis. Ich liebe es einfach, mit Lou fischen zu gehen, denn es passiert immer etwas.

Die Brown Drake, mit der Lou so erfolgreich fischte, wird genauso gebunden wie die White Wulff zu Beginn dieses Kapitels. Hier ist sie:

Die Brown Drake

Haken:	Trockenfliegenhaken, 1 x oder 2 x lang
Faden:	8/0, orange (der Faden dunkelt ab, wenn das Köpfchen mit Lack fixiert wird)
Schwanz:	Elchhaar (Elk Mane)
Flügel:	Elchhaar (Elk Mane)
Körper:	Woll-Dubbing, braun und gelb
Hechel:	Braune Sattelfeder

DAS BINDEN VON TROCKENFLIEGEN ■ 71

Die Brown Drake imitiert eine große Eintagsfliegenart (Maifliege), die Ephemera simulans.

DER LITTLE GREEN BEETLE

Dieses Muster können Sie wie eine Trockenfliege oder auch wie eine Nymphe, also unter der Wasseroberfläche, fischen. Da die meisten Fliegenfischer Landinsekten zu den Trockenfliegen zählen, habe ich auch den Little Green Beetle in diesem Kapitel aufgeführt. Wenn Sie den Little Green Beetle naß fischen möchten, sollten Sie Nymphenhaken (wie auf den folgenden Bindebildern zu sehen) verwenden. Wenn Sie ihn trocken fischen möchten, sollten Sie Trockenfliegenhaken verwenden und die Fliege fetten.

Der Little Green Beetle

Haken:	Naßfliegen- oder Trockenfliegenhaken Größe 18
Faden:	Grau
Beinchen:	Lange Elchhaare (Moose Mane) oder Rehhaar
Rücken:	Leuchtend grünes (chartreuse) Kaninchenfell
Körper:	Woll-Dubbing, leuchtend grün
Köpfchen:	Spitzen des Kaninchenfells

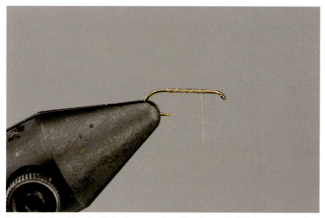

1. Wickeln Sie das Bindegarn für die Grundwicklung um den Hakenschenkel bis eine Öhrbreite hinter das Hakenöhr.

2. Schneiden Sie ein feines Büschel Haare ab, und richten Sie dessen Spitzen mit dem Stacker aus. Binden Sie die Haare nun mit den Spitzen nach vorne zeigend auf dem Haken ein, schneiden Sie die Haarenden ab, und überwickeln Sie diese.

3. Schneiden Sie einen Streifen leuchtend grünes Kaninchenfell zurecht, dessen Haare lang genug sein müssen, um später die Oberseite der Fliege zu überdecken. Lassen Sie die Haare zunächst am Leder. Schneiden Sie nun die Haarspitzen auf eine Länge, und binden Sie die Spitzen wie auf dem Foto zu sehen ein.

4. Fertigen Sie nun aus leuchtend grünem Woll-Dubbing den Körper.

5. Teilen Sie die Spitzen des Elchhaars in zwei gleiche Teile, fixieren Sie diese späteren Beinchen mit diagonalen Wicklungen des Bindegarns, und sichern Sie diese mit einem Tropfen Kleber. Greifen Sie nun das Lederstück.

6. Ziehen Sie die Haare straff, und falten Sie diese über den Rücken der Fliege. Binden Sie die Haare unter Zug direkt vor den Beinchen ein. Nach einigen Wicklungen heben Sie das überstehende Haar an und machen darunter auf dem Hakenschenkel einige weitere Wicklungen hinter dem Öhr.

7. Machen Sie dann den Abschlußknoten. Schneiden Sie abschließend das Kaninchenfell genau hinter der Stelle ab, an der es vom Bindegarn heruntergebunden ist. Dann geben Sie noch einen Tropfen Kleber auf das Köpfchen und der Little Green Beetle ist fertig!

KAPITEL 4

Das Binden von Nymphen

Beim Binden der folgenden Nymphen werden wir Ihnen die Techniken zeigen, wie Sie unterschiedliche Materialien verwenden können, um Schwänzchen, Flügelköcher und Beinchen herzustellen. Die Körper der Nymphen in diesem Kapitel werden alle mit einem Körper aus Woll-Dubbing gebunden, auch wenn man andere Materialien dafür verwenden könnte.

Sie werden bemerken, daß ich all meine Nymphen ohne zusätzliche Beschwerung mit Bleidraht binde, denn statt meine Nymphen direkt zu beschweren, ziehe ich eine Beschwerung auf der Vorfachspitze (Bleischrot oder ähnliches) vor. Der große Vorteil: Die Nymphe kann sich natürlicher im Wasser bewegen, und man ist flexibler, denn man kann die Beschwerung leicht der Wassertiefe und Strömung anpassen. Bei unserer erste Nymphe, einer Imitation der Großen Steinfliege, mache ich jedoch eine Ausnahme und verwende Bleidraht, denn diese Nymphe muß stets sehr dicht am Grund gefischt werden.

DIE LARGE BROWN STONEFLY

Bei dieser großen Nymphe verwende ich braunes Woll-Dubbing, um den Körper der Fliege zu formen. Der verwendete Bleidraht gibt der Nymphe nicht nur das nötige Gewicht, es hilft beim Binden auch, den abgeflachten Körper herzustellen. Die Flügelköcher dieser großen Steinfliegen-Nymphe stelle ich übrigens aus gefalteten Segmenten einer Truthahnfeder her.

Die Large Brown Stonefly	
Haken:	Nymphenhaken der Größe 2 oder 3 (ersatzweise leichte Lachshaken)
Faden:	8/0, braun
Unterkörper:	Dubbing aus brauner Wolle und Bleidraht-Streifen
Schwanz:	Biots, braun
Rücken:	Raffia, dunkelbraun
Körper:	Dubbing aus brauner Wolle
Rippung:	Kupferdraht, fein
Thorax:	Dubbing aus amberfarbener Wolle
Köcher:	Segmente einer Truthahnfeder
Beinchen:	Elch, Körperhaar

1. Beginnen Sie mit der Grundwicklung etwa Öhrlängen hinter dem Hakenöhr, und führen Sie diese bis in den Hakenbogen fort. Dort binden Sie das dunkelbraune Raffia-Material ein.

DAS BINDEN VON NYMPHEN ■ 75

2. Dubben Sie Wolle um den Bindefaden und stellen Sie den Unterkörper her. Dann wickeln Sie den Bindefaden über den Körper zurück zum Hakenende und binden den Rippungsdraht ein. Lassen Sie hinter dem Draht jedoch noch genügend Platz für eine spätere Dubbingwicklung.

4. Am Ende des Körpers binden Sie nun seitlich die beiden Biots als Schwänzchen ein, das etwa 5 bis 7 Millimeter lang sein sollte. Danach wickeln Sie wieder braune Wolle auf den Bindefaden und formen mit dem Dubbing den Körper, nachdem Sie auch eine Wicklung hinter dem Rippungsdraht gemacht haben.

3. Binden Sie nun an den beiden Seiten des Unterkörpers Bleidraht-Streifen ein. Diese verbreitern den Körper etwas, flachen ihn zudem etwas ab und beschweren die Nymphe. Zuerst legen Sie auf jeder Seite einen Bleidraht-Streifen an und überwickeln diese. Dann legen Sie jeweils einen weiteren Streifen direkt darüber an den Unterkörper und fixieren auch diesen. Abschließend legen Sie genau zwischen diese beiden bereits eingebundenen Streifen einen dritten Bleidraht-Streifen an und überwickeln auch diesen. Den Abschluß der Beschwerung bildet ein flacher Bleidraht-Streifen, den Sie oben auf dem Unterkörper entlanglegen und ebenfalls mit dem Bindefaden überwickeln.

5. Legen Sie nun das Raffia über den Rücken der Nymphe, und überwickeln Sie dieses mit dem Rippungsdraht spiralförmig nach vorne. Binden Sie den Draht mit dem Bindefaden ab, wenn Sie das Ende des Körpers erreicht haben. Schneiden Sie den überflüssigen Draht und das Raffia ab.

6. Schneiden Sie zwei Segmente aus einer Truthahnfeder, die Sie für die Flügelköcher verwenden werden. Binden Sie die Feder für den ersten Flügelköcher nach hinten zeigend gegen den Körper ein, wickeln Sie amberfarbene Wolle um den Bindefaden, und formen Sie daraus den Thorax. Geben Sie etwas Kleber auf das Dubbing an der Oberseite, und falten Sie dann die Truthahnfeder mit Hilfe einer Dubbingnadel, wie auf dem Foto zu sehen, nach vorne.

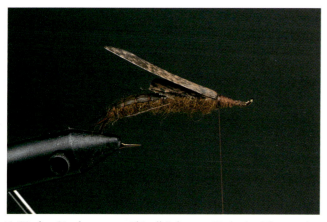

7. Binden Sie den ersten Flügelköcher am Ende des Thorax ein, und schneiden Sie das überschüssige Material ab. Dann nehmen Sie das zweite Segment für den zweiten Flügelköcher, und binden Sie auch dieses ein.

8. Jetzt legen Sie für die späteren Beinchen der Nymphe Körperhaare vom Elch auf die Einbindestelle des soeben eingebundenen Federsegments. Die Spitzen zeigen dabei nach hinten, und die Beinchen dürfen ruhig etwas länger ausfallen.

9. Binden Sie nun die Elchhaar-Beinchen gut fest, schneiden Sie deren Enden aber nicht ab.

10. Teilen Sie die Haare nun mit dem Daumennagel in zwei gleiche Teile von jeweils vier Haaren, und geben Sie auf die Wicklungen des Bindefadens etwas Kleber.

11. Falten Sie nun den zweiten Flügelköcher nach vorne. Dieser sollte, wie auf dem Foto zu sehen, den ersten Köchers ein Stück überdecken.

12. Halten Sie nun die Beinchen links und rechts der Nymphe, und legen Sie das Segment, das Sie nach vorne klappen, am Kopf der Fliege an.

14. Wenn Sie den Köcher gesichert haben, schneiden Sie den Rest des Federsegments und auch die Enden des Elchhaars ab.

13. Binden Sie nun das zweite Segment fest ein. Auf dem Bild sehen Sie die Ende des Elchhaares, deren Spitzen die Beinchen bilden.

15. Formen Sie den Kopf, machen Sie den Abschlußknoten, und geben Sie etwas Kleber oder Lack darauf. Fertig ist Ihre Imitation der Großen Steinfliege. Übrigens: Wenn Sie wollen, können Sie auch die Köcher lackieren, das macht die Nymphe haltbarer.

DIE ENTSTEHUNG DER LITTLE YELLOW STONEFLY

Es war im August, und ich war zum nationalen Treffen der Federation of Fly Fishers in West Yellowstone eingeladen, um im Rahmen dieser Veranstaltung meine Bindetechniken vorzuführen. Ich fuhr mit einigen Freunden, die mir dabei helfen wollten, zu diesem Meeting, auch um die Reisekosten etwas zu senken.

An so einem Fliegenfischer-Treffen kann man übrigens nicht teilnehmen, ohne anschließend frisch erholt und voller fischereilicher Ideen wieder nach Hause zu fahren, denn man testet den ganzen Tag lang neues Material, trifft alte Freunde und spricht stundenlang über die Fischerei des vergangenen Jahres. Und Sie haben die Möglichkeit, den besten Fliegenbindern der Welt an einem Tisch gegenüberzusitzen und zu beobachten, wie diese mit Federn und Floss geradezu zaubern. Diese Binder sind immer gerne bereit, ihr Wissen und ihre Fertigkeiten auch weiter zu geben. Wenn Sie noch nie an so einem Treffen teilgenommen haben – machen Sie es, es lohnt sich!

Nach dem Meeting entschieden sich einige meiner Freunde und auch ich, auf dem Heimweg einen Abstecher an den Big Horn zu machen, um dort zu fischen. Dort angekommen, fischen wir stromab, und ich trennte mich von den anderen, wie es wahrscheinlich die meisten Fliegenfischer machen, um herauszufinden, was in der Welt der Forellen gerade los ist. Schwarze Köcherfliegen waren am Schlüpfen, und die Forellen stiegen fleißig nach diesen. Während ich das Schauspiel beobachtete, bemerkte ich ein etwas größeres, helleres Insekt, das auf mich zuflog. Schnell nahm ich meine Mütze ab und fing das Insekt damit aus der Luft: Eine kleine Steinfliege, knapp zwei Zentimeter lang, krabbelte in der Mütze! Das Insekt hatte hellbraune Flügel, die über einem blaßgelbem Körper lagen, und der hintere Teil des Körpers war rötlich-orange gefärbt.

Wie die meisten Fliegenbinder habe ich die Fliege sofort in Gedanken nachgebunden, und ich konnte es kaum erwarten, mich abends daheim an den Bindestock zu setzen und es auch real zu tun.

Am nächsten Morgen drückte ich vor dem Fischen meinen Freunden das neue Steinfliegen-Muster in die Hände – und wir erlebten einen phantastischen Tag! An einer einzigen Stelle – ich erinnere mich genau – fing ich auf die Little Yellow Stonefly zwischen 25 und 30 Fische!

Das folgende Muster der Little Yellow Stonefly binde ich seit diesem Tag genau in der beschriebenen Weise, und es fängt wie am ersten Tag. Testen Sie es einmal, es fängt nicht nur am Big Horn!

DAS BINDEN VON NYMPHEN ■ 79

Die Little Yellow Stonefly

Haken:	Nymphenhaken der Größe 14 oder 16, 4 x lang
Faden:	8/0, hellbraun
Körperende:	Woll-Dubbing, leuchtend rot
Schwanz:	Biots, hellbraun
Rippung:	Silberdraht, sehr fein
Körper:	Dubbing aus blaßgelber Wolle
Köcher:	Raffia oder Segmente einer Truthahnfeder
Thorax:	Dubbing aus blaßgelber Wolle
Beinchen:	Elch, feines Körperhaar

1. Starten Sie mit der Grundwicklung eine Öhrbreite hinter dem Hakenöhr, und führen Sie die Wicklungen bis in Höhe der Hakenspitze. Binden Sie den Rippungs-Draht ein, und bringen Sie am Hakenende etwas rotes Dubbing an.

2. Befestigen Sie auf beiden Seiten des Hakenschenkels, genau vor dem roten Dubbing, die Biots. Achten Sie dabei darauf, daß deren gewölbte Seiten nach außen zeigen, damit die beiden Biots schön vom Haken wegspreizen. Bringen Sie dann noch etwas rotes Dubbing auf die Einbindestelle.

3. Dubben Sie dann den Körper aus blaßgelber Wolle, und formen Sie diesen wie auf dem Foto, also im vorderen Teil etwas schlanker. Rippen Sie dann den Körper mit gleichmäßigen Windungen des Silberdrahts, binden Sie diesen ein und schneiden Sie den Rest ab.

4. Binden Sie nun das Raffia oder Federsegment ein, bringen Sie dann den Bindefaden wieder in die Mitte des Thorax, und bringen Sie das Dubbingmaterial an diesem an. Das Dubbing muß nicht sehr fest gewickelt sein, denn Sie werden es später wieder etwas auseinanderzupfen, um dem Körper mehr Fülle zu geben.

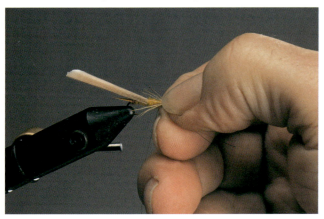

5. Binden Sie nun die Beine ein, und teilen Sie diese in zwei Bündel. Die Beinchen sollten etwas über den Flügelköcher hinausragen, etwa bis zur Mitte des Körpers.

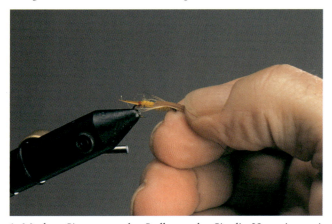

6. Machen Sie nun an der Stelle, an der Sie die Haare in zwei Gruppen geteilt haben, einige stramme Windungen, um diese zu fixieren. Dann klappen Sie den Köcher nach vorne, die Beinchen sollten dabei links und rechts von diesem verlaufen.

7. Halten Sie nun unter leichtem Zug nach oben das Material für den Köcher und die Enden der Beinchen, und machen Sie eine Wicklung mit dem Bindefaden darüber, um diese stramm zu fixieren. Dann binden Sie alles fest.

8. Wenn der Köcher und die Beinchen fest eingebunden sind, können Sie das überschüssige Material abschneiden. Fertig ist Ihre kleine, gelbe Steinfliegennymphe!

9. Das Bindegarn wird nun selbst mit einem Endknoten abgeschlossen, mit Lack fixiert und der Rest abgeschnitten.

DIE SPECIAL HEX

Dieses Muster imitiert die Nymphe einer großen Eintagsfliegenart namens Hexagenia. Diese Art ist im Mittleren Westen der USA sehr häufig anzutreffen. Die Nymphe imitiert aber auch viele andere große Eintagsfliegenarten, beispielsweise die Maifliege.

	Die Special Hex
Haken:	Naßfliegenhaken, Größe 6, 1 x lang (oder 2 x lang, Größe 6 bis 10 oder 3 x lang, Größe 10 bis 12)
Faden:	8/0, braun
Schwanz:	Flankenfeder einer Brautente (oder gefärbte Stockentenflanke)
Rücken:	Schwanzfibern eines Feldfasans
Rippung:	Kupferdraht
Hinterleib:	Dubbing aus gräulich-brauner Wolle
Flügelköcher:	Segment einer Truthahnfeder
Thorax:	Dubbing aus gräulich-brauner Wolle
Beinchen:	Rebhuhnhechel (oder Flankenfeder einer Brautente)

1. Winden Sie das Bindegarn am Öhr beginnend in Richtung Hakenbogen. Die Grundwicklung sollte zwischen der Hakenspitze und dem Widerhaken enden. Binden Sie nun zehn Brautentenfibern als Schwänzchen ein. Sie sollten hierbei darauf achten, daß das Schwänzchen so lang wie der Hakenschenkel ist.

3. Wickeln Sie nun das Dubbing in der Hakenmitte beginnend in Richtung Hakenbogen, machen eine Windung hinter dem Kupferdraht, und führen es anschließend wieder nach vorne und fixieren es mit dem Bindegarn. Lassen Sie aber zwischen dem Dubbing und dem Hakenöhr ungefähr soviel Platz, wie das Hakenöhr selbst breit ist.

2. Bringen Sie nun einige Fibern eines Feldfasanschwanzes mit drei oder vier Wicklungen an. Die Fibern müssen so lang sein, daß sie später den kompletten Rücken des Hakens bedecken. Anschließend binden Sie am Hakenbogen den Kupferdraht für die spätere Rippung ein und führen das Bindegarn nach vorne.

4. Legen Sie nun die Fasanfibern über den Körper nach vorne und sichern es mit einigen Windungen kurz hinter dem Öhr. Danach wird der Kupferdraht als Rippung ebenfalls nach vorne geführt und mit dem Bindegarn fixiert. Überschüssiger Draht wird abgeschnitten.

DAS BINDEN VON NYMPHEN ■ 83

5. Schneiden Sie jetzt die überstehenden Enden der Fasanfibern ab und führen das Bindegarn zur Mitte des Hakenschenkels. Nun wird ein so großes Segment einer Truthahnfeder eingebunden, daß sie den Thorax überdeckt. Beim Einbinden sollte die Hahnenhechel vorne mit dem Hakenöhr abschließen.

6. Wickeln Sie nun etwas Dubbing mit lockeren Wicklungen auf das Truthahnsegment für den späteren Thorax. Ein Tip: Bevor nun der Thorax gebunden wird, sollten Sie einen Tropfen Lack oder Kleber gleichmäßig auf die Oberseite der Nymphe verteilen, damit die Bindematerialien an Haltbarkeit gewinnen.

7. Binden Sie nun eine Rebhuhnhechel direkt hinter dem Hakenöhr ein. Anschließend wird diese höchstens zweimal um den Hakenschenkel gewunden, mit dem Bindegarn befestigt und der Überschuß abgeschnitten.

8. Verteilen Sie die Fibern nun gleichmäßig und drücken sie nach unten an die Seiten der Fliege. Jetzt wird die Truthahnfeder nach vorne geführt, der Flügelköcher geformt, hinter dem Hakenöhr mit dem Bindegarn fixiert und der überstehende Rest abgeschnitten.

9. Das Bindegarn wird nun selbst mit einem Endknoten abgeschlossen, mit Lack fixiert und der Rest abgeschnitten.

DIE PALE MORNING DUN NYMPHE

Bei diesem Muster – eine wichtige Imitation einer Eintagsfliegen-Nymphe – wird der Flügelköcher entweder aus der Feder einer Stockentenflanke, einer Gänsefeder oder eines Segmentes aus dem Flügel eines Truthahns gebunden. Ebensogut können Sie hierfür aber auch eine Feder einer Brautentenflanke verwenden. Da es sich hierbei um eine sehr kleine Imitation handelt, sollten Sie sich aber auf alle Fälle für eine besonders dunkle und kleine Flankenfeder entscheiden.

Die Pale Morning Dun Nymphe

Haken:	Naßfliegenhaken, Größe 14 bis 16, 1 x oder 2 x lang
Faden:	8/0, hellbraun
Schwanz:	Hechelfibern, gingerfarben
Rippung:	Silberdraht, extradünn
Bauch:	Woll-Dubbing, hellgelb (Glitzermaterial)
Flügelköcher:	Feder einer Braut- oder Stockentenflanke
Thorax:	Woll-Dubbing, hellgelb
Beinchen:	Helles Elchhaar (oder gingerfarbene Hechelfibern)

DAS BINDEN VON NYMPHEN ■ 85

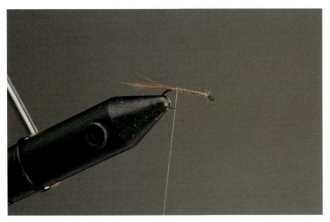

1. Legen Sie das Bindegarn ein bis zwei Millimeter hinter dem Hakenöhr an und führen es von dort aus um den Hakenschenkel bis auf Höhe der Hakenspitze. Nehmen Sie nun ein halbes Dutzend gingerfarbene Hechelfibern und binden diese ein. Führen Sie hierbei zunächst das Bindegarn bis zum Hakenbogen und anschließend mit fünf bis sechs Wicklungen nach vorne.

2. Binden Sie nun den dünnen Silberdraht ein, lassen Sie hierbei aber ein wenig Platz zwischen dem Schwänzchen und dem Draht. Danach winden Sie das Bindegarn bis zur Hakenmitte.

3. Dubben Sie nun mit gelber Wolle den Körper. Führen Sie hierbei zunächst das Dubbing zum Hakenbogen. Nachdem Sie eine Wicklung hinter dem Draht für die spätere Rippung gemacht haben, führen Sie anschließend das Dubbing wieder nach vorne. Ein bis zwei Millimeter vor dem Öhr wird das Dubbing mit dem Bindegarn fixiert.

4. Nun wickeln Sie den Silberdraht als Rippung nach vorne, fixieren ihn mit dem Bindegarn und schneiden den Überschuß ab. Danach wird das Bindegarn mit einigen Windungen wieder zur Hakenmitte geführt.

5. Nehmen Sie jetzt eine kleine Feder einer Stockentenflanke, streifen den unbrauchbaren Flaum vom Ansatz der Federn ab und entfernen noch einige überschüssige Fibern. Sie sollten so viele Fibern übriglassen, daß diese später den Thorax und einen Teil der Seiten noch gut überdecken. Halten Sie die Feder in Position mit den Spitzen nach vorne und der konkaven Seite nach oben. Machen Sie nun drei, vier lockere Wicklungen mit dem Bindegarn nach hinten. Ziehen Sie anschließend die Federspitzen vorsichtig unter die Windungen des Bindegarns.

6. Machen Sie nun noch einige Wicklungen bis zur Hakenmitte. Anschließend führen Sie das Bindegarn bis zur Mitte des Thoraxbereiches, und fixieren Sie die Wicklungen mit ein wenig Lack. Dubben Sie nun mit lockeren Windungen den Thorax der Fliege.

7. Binden Sie nun einige helle Elchhaare mit den Spitzen zum Hakenbogen gerichtet hinter dem Öhr ein. Achten Sie hierbei darauf, daß das Haar nicht zu lang nach hinten übersteht. Es sollte bei der fertigen Nymphe lediglich ein, zwei Millimeter länger sein als der Flügelköcher.

8. Teilen Sie nun das Haar mit Ihren Fingernägeln in zwei etwa gleich große Hälften auf.

9. Führen Sie nun die Stockentenfeder über den Thorax und zwischen die zwei Elchhaargruppen und binden es hinter dem Hakenöhr fest. Halten Sie beim Fixieren des Flügelköchers die Feder am hinteren Ende fest. So ist es leichter, den Flügelköcher auch mittig auf der Nymphe zu plazieren.

10. Schneiden Sie nun das überstehende Federende ab.

DAS BINDEN VON NYMPHEN ■ 87

11. Machen Sie einen Abschlußknoten und lackieren anschließend das Köpfchen.

DIE BLUE-WINGED OLIVE NYMPHE

An vielen Salmoniden-Gewässern ist die Blue-Winged Olive eine in großer Anzahl vorkommende Eintagsfliegenart. Daher sind Muster, die diese imitieren, für uns Fliegenfischer nahezu unverzichtbar.

Diese Fliege ist eine Nymphenimitation einer solchen Blue-Winged Olive (BWO).

Die Bindetechniken für dieses Muster sind ähnlich der Pale Morning Dun, speziell was das Binden des Flügelköchers und des Schwänzchens betrifft.

Bei der Blue-Winged Olive Nymph wird das Schwänzchen aus drei Körperhaaren eines Elches gebunden. Der Flügelköcher besteht aus Raffia(Bast), einer Grasart. Raffia ist in vielen Farben erhältlich. Sollten Sie jedoch einmal nicht die gewünschte Farbe erhalten können, kaufen Sie sich einfach weißes oder cremefarbenes Raffia und färben es sich selbst in dem Farbton, den Sie gerade benötigen. Ich binde gerne mit Raffia, vor allem für Flügelköcher, da es der Fliege einen sehr natürlichen Anblick verleiht.

Die Blue-Winged Olive Nymphe

Haken:	Naßfliegenhaken, Größe 14 bis 18, 1 x- oder 2 x lang
Faden:	8/0, olivbraun
Schwanz:	Drei Körperhaare vom Elch
Rippung:	Kupferdraht, extradünn
Hinterleib:	Woll-Dubbing, olivbraun
Flügelköcher:	Raffia, dunkelbraun
Thorax:	Woll-Dubbing, olivbraun
Beinchen:	Körperhaare vom Elch (oder Brautentenfibern)

1. Beginnen Sie mit der Grundwicklung ein Viertel hinter dem Öhr, und wickeln Sie diese bis zum Ende des Schenkels. Nehmen Sie nun drei Körperhaare vom Elch und richten sie aus. Binden Sie diese anschließend am Anfang des Hakenbogens ein. Achten Sie beim Einbinden darauf, daß das nach vorne gerichtete Haar mindestens so lang wie der Hakenschenkel ist.

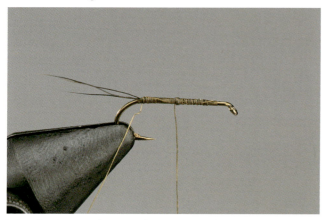

2. Binden Sie nun das Haar über zwei Drittel der Hakenlänge fest. Anschließend winden Sie das Bindegarn wieder zum Hakenbogen, führen es unter das Elchhaar und machen hier einige Wicklungen direkt auf den Haken. Der Vorteil ist, daß sich die drei Haare dadurch schön voneinander abspreizen. Nachdem Sie das Haar nun fixiert haben, binden Sie den Kupferdraht ein.

3. Dubben Sie danach den Körper. Beenden Sie das Dubbing etwa ein Viertel vor dem Öhr, und fixieren Sie es mit dem Bindegarn. Anschließend winden Sie den Draht für die Rippung nach vorne. Der Überschuß wird abgeschnitten.

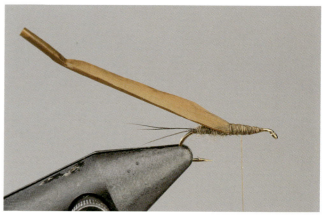

4. Nun wird das Bindegarn wieder zur Mitte des Körpers geführt. Binden Sie jetzt einen Streifen Raffia ein. Sie sollten hierbei darauf achten, keinen zu schmalen Streifen Raffia auszuwählen, denn es soll später den Thorax gut abdecken.

5. Dubben Sie nun den Thorax der Nymphe. Hierbei können sie das Dubbing ruhig etwas lockerer wickeln, als Sie es vorher für den Bauch getan haben.

6. Nehmen Sie anschließend sechs Elchhaare und befestigen diese mit den Spitzen nach hinten gerichtet mit einigen Windungen hinter dem Öhr. Die Haarspitzen sollten dabei etwas über den späteren Flügelköcher hinausstehen.

DAS BINDEN VON NYMPHEN ■ 89

7. Teilen Sie nun das Haar auf, drei zu jeder Seite. Legen Sie anschließend das Raffia über den Thorax und zwischen die zwei Haargruppen und fixieren es mit einer Wicklung hinter dem Öhr. Wichtig hierbei ist, daß Sie die Wicklung locker lassen und nicht gleich festziehen. Als nächstes ziehen Sie das überstehende Ende des Raffias nach oben, so daß es eng am Körper der Fliege anliegt. Ziehen Sie jetzt die erste Wicklung fest. Machen Sie nun noch einige feste Windungen, während Sie das Raffia mit der anderen Hand weiterhin nach oben ziehen. Das restliche Raffia wird abgeschnitten. Machen Sie einen Abschlußknoten, und sichern Sie das Ganze danach mit etwas Lack.

DIE GOLDEN STONEFLY NYMPHE

Die Idee, diese Fliege zu binden, kam mir, während ich im Bighorn River in Montana fischte. Der Grund hierfür ist schnell erzählt: Diese Insekten sind hier nämlich in großer Anzahl anzutreffen. Wie viele andere Steinfliegen-Muster, hat auch dieses zwei Flügelköcher, die aus gefalteten Flügelfedern gefertigt werden. Das Besondere bei dieser Imitation ist aber, daß die Schwänzchen erst auf einer Schicht Dubbing angebracht und nicht direkt auf dem Haken gebunden werden. Der Vorteil hierbei besteht darin, daß sie auch als zwei einzelne Schwänzchen zu erkennen sind und so dementsprechend auch realistischer wirken.

Die Golden Stonefly Nymphe	
Haken:	Tiemco 200R, Größe 8 oder 10
Faden:	8/0, orange
Hinterleib:	Gelbe und orange Wolle, gemischt
Schwanz:	Biots, gelb
Rippung:	Feiner Kupferdraht
Flügelköcher:	Segment einer Truthahnflügelfeder
Thorax:	Gelbe und orange Wolle, gemischt
Beinchen:	Elk Mane (oder Rehhaar)

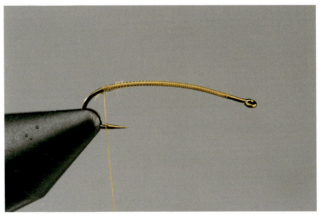

1. Beginnen Sie mit dem Bindegarn eine Öhrbreite hinter dem Öhr, und wickeln Sie diesen bis in Höhe des Widerhakens.

2. Formen Sie den hinteren Körper aus Woll-Dubbing.

3. Binden Sie nun die zwei Schwänzchen auf das Dubbing. Diese Bindereihenfolge sorgt dafür, daß die Schwänzchen auch als zwei separate erkennbar sind.

4. Anschließend wird das Bindegarn mit Kupferdraht für die spätere Rippung am Anfang des Hakenbogens eingebunden.

5. Nun werden mit etwas Dubbing die eingebundenen Schwänzchenenden verdeckt. Beenden Sie das Dubbing ein Drittel vor dem Öhr.

6. Winden Sie jetzt den Kupferdraht nach vorne, und schneiden Sie den überschüssigen Draht ab. Die Rippung sollte auf Höhe des Dubbings enden.

7. Nehmen Sie nun ein Segment einer Truthahnfeder für den ersten Flügelköcher zur Hand und binden dieses mit einigen Windungen ein.

DAS BINDEN VON NYMPHEN ■ 91

8. Dubben Sie nun den Thorax. Seien Sie dabei mit dem Dubbing nicht zu sparsam, es ist wichtig, daß der Thorax dicker wird als der Bauch.

9. Falten Sie jetzt das Federsegment über den gedubbten Thorax.

10. Es wird mit mehreren Wicklungen festgebunden und das überschüssige Material abgeschnitten.

11. Nun wird der zweite Flügelköcher auf den ersten gebunden.

12. Danach binden Sie die Beinchen aus Elk Mane ein. Teilen Sie hierbei die Haare in etwa zwei gleichmäßige Hälften auf: eine für die rechte, eine für die linke Seite. Falten Sie dann das zweite Federsegment so nach vorne, daß dieser Flügelköcher etwas kürzer als der erste wird. Danach wird das Segment hinter dem Öhr mit dem Bindegarn fixiert.

13. Trimmen Sie nun den zweiten Flügelköcher und die Beinchenenden. Formen Sie dann das Köpfchen mit einigen Windungen des Bindegarns, machen einen Abschlußknoten und fixieren alles mit ein wenig Lack und fertig ist die Golden Stonefly Nymph!

DIE PHEASANT TAIL NYMPHE

Es ist unmöglich, ein Fliegenbindebuch zu schreiben und dabei diese Fliege auszusparen. An dieser Nymphe führt kein Weg vorbei, denn sie imitiert nahezu alle kleineren Eintagsfliegenarten. Ich binde dieses Muster jedoch etwas anders, als es normalerweise üblich ist. Um der Fliege eine bessere Form und daher auch mehr „Natürlichkeit" zu verleihen, verwende ich im Gegensatz zum Original Woll-Dubbing für den Hinterkörper und Thorax und Raffia für den Flügelköcher. Diese Abwandlungen ändern dabei nichts an der Vielseitigkeit der Pheasant Tail. Sie sollten auch mal ruhig einzelne Muster mit unterschiedlich gefärbten Fasanschwanzfedern und verschiedenen Drähten für die Rippung binden, um eine möglichst große Bandbreite an kleinen Eintagsfliegen-Imitationen zu erhalten.

Die Pheasant Tail Nymphe

Haken:	Tiemco 200R, Größe 12 bis 18
Faden:	8/0, schwarz
Hinterkörper:	Wool-Dubbing, grau oder tanne
Rippung:	Draht, extradünn
Schwanz:	Spitzen mehrerer Fasanschwanzfibern
Bauch:	Fibern vom Fasanschwanz
Flügelköcher:	Raffia, braun
Beinchen:	Körperhaare vom Elch

DAS BINDEN VON NYMPHEN ■ 93

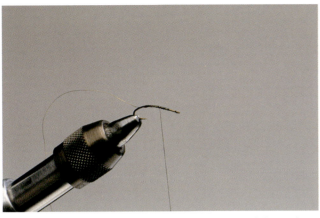

1. Beginnen Sie mit der Grundwicklung ein Drittel der Hakenlänge hinter dem Öhr, und wickeln Sie diese über den kompletten Hakenschenkel. Binden Sie nun den Draht ein und führen den Bindefaden anschließend wieder zurück zur Mitte des Schenkels.

2. Bringen Sie jetzt einen dünnen, schlanken Hinterkörper aus Woll-Dubbing auf den Haken.

3. Dann winden Sie das Bindegarn zurück zum Anfang des Hakenbogens. Nehmen Sie nun einige Fibern eines Fasanschwanzes zur Hand. Halten Sie die Fibern über die Rückseite des Hakens und messen die Länge des Schwänzchens ab. Diese sollte in etwa so lang sein, wie der Hakenbogen weit ist.

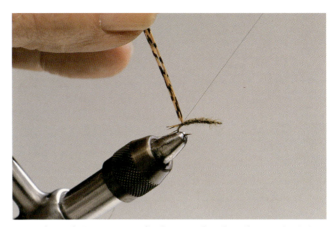

4. Ist die richtige Länge gefunden, werden die Fibern mit einigen Windungen eingebunden. Schneiden Sie die Fibernenden anschließend nicht ab, denn diese werden später noch für den Körper gebraucht.

5. Halten Sie das Bindegarn in Position. Anschließend wickeln Sie den Körper der Fliege aus den überstehenden Fasanschwanzfibern. Winden Sie hierbei die Fibern gegen (!) den Uhrzeigersinn um den Schenkel. Führen Sie danach das Bindegarn im Uhrzeigersinn (!) zur Mitte des Hakenschenkels, um den Körper zu fixieren. Der Überschuß an Fibern wird abgeschnitten.

6. Winden Sie nun den Draht nach vorne im Uhrzeigersinn (!) und schneiden dann den Überschuß ab.

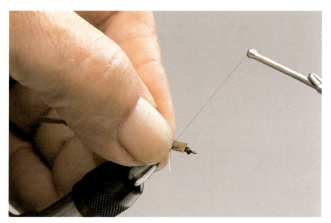

7. Nun wird ein Streifen Raffia für den Flügelköcher eingebunden.

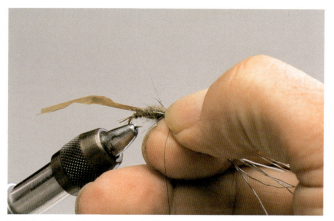

9. Schneiden Sie jetzt ein halbes Dutzend Elchkörperhaare ab, und binden Sie diese ein. Teilen Sie sie in zwei etwa gleich große Büschel auf und drücken diese dann vorsichtig rechts und links am Körper herunter.

8. Dubben Sie nun den Thorax. Achten Sie darauf, daß dieser dicker wird als der Körper.

10. Das Raffia wird über den Thorax und zwischen die Haarbüschel gefaltet und mit dem Bindefaden hinter dem Öhr festgebunden. Abschließend noch überschüssiges Material abschneiden, das Nymphenköpfchen formen, mit Lack fixieren und fertig ist die Pheasant Tail Nymph!

KAPITEL 5

Das Binden von Streamern

Der Begriff „Streamer" ist eine weitläufige Bezeichnung. Viele Streamer sind große, auf langschenklige Haken mit Reizfarben gebundene Naßfliegen, andere wiederum werden gebunden, um bestimmte Beutefische oder Brut nachzuahmen. Lediglich ergänzt durch einige wenige neue Tricks, wie beispielsweise das Binden eines Hirschhaarköpfchens einer Muddler Minnow, benötigen Sie für das Binden von Streamern nur die Fähigkeiten, die Sie in den vorangegangenen Kapiteln bereits erlernt haben. Da es sich bei Streamern im allgemeinen um größere Fliegenmuster handelt als bei Naß- und Trockenfliegen oder auch Nymphen, hat man einen großen Spielraum was die eigene Kreativität angeht. Der Toothpick Fry wird Ihnen zum Beispiel zeigen, wie Sie mit Hilfe eines Zahnstochers den Körper einer Fliege formen können. Zunächst lassen Sie uns aber einen Blick darauf werfen, wie man normalerweise einen Streamer bindet, allerdings nicht um einen Beutefisch zu imitieren, sondern einen Blutegel.

MIT DER STRIP-FLY WERDEN SIE ETWAS ERLEBEN ...

Ich war bereits seit fünf oder sechs Jahren als Lehrer an einer von Gary Borgers Fliegenfischerschulen tätig, bevor ich ihm eine meiner Fliegen zeigte.

Es war üblich, daß sich die Lehrer nach dem Unterricht trafen, um in den Schulteichen zu fischen. Die Teiche waren mit einigen sehr schönen Fischen besetzt worden, um den Schülern einen größeren Anreiz zu geben, ihre Fertigkeiten stets noch weiter zu verbessern. Catch and Release war hier die goldene Regel. Dies war auch der Grund, warum die Fische so groß, wirklich groß, waren. Und ich glaube, dies war auch der Grund dafür, warum es die wählerischsten Fische waren, auf die ich jemals gefischt habe. Daher entschied ich mich damals für eine Fliege, die ich schon Jahre zuvor für solch schwierige Situationen gebunden hatte. Ich nannte sie die Strip-Fly. Irgendwie hatte ich zu jener Zeit schon ein bißchen das Gefühl, daß diese Fliege, die mit einem Streifen (daher „Strip") Fell gebunden wird, bald ein bekanntes Muster werden würde.

Gary kam zu mir herüber geschlendert, als ich gerade einen besonders schönen Fisch landete. Er schaute mir zu, wie ich die Fliege vorsichtig entfernte und den Fisch wieder in sein Element zurücksetzte.

„Wie zum Geier nennst Du denn bitte diese Fliege?" fragte er mich leicht verwirrt. „Strip-Fly", gab ich ihm zur Antwort. Ich erzählte ihm, daß ich dieses Muster bereits als Nymphe, Blutegel und als Streamer gebunden und auch erfolgreich gefischt habe. Gary gefiel diese Idee und so band auch er sich eigene Nymphen- und Blutegel-Varianten dieser Fliege. In seinem Buch „Naturals" fand dieses Muster einige Zeit später dann ebenfalls seinen Eingang. Und es dauerte gar nicht lange, bis die Strip-Fly in verschiedensten Varianten und mit unterschiedlichsten Namen auf dem Markt erschien. Die meisten dieser Fliegen wurden mit einem Kaninchenfellstreifen anstelle eines Bisamfellstreifens, wie ich es verwende, gebunden.

Heute binden viele Fliegenfischer diese Muster aus den unterschiedlichsten Bälgen für die unterschiedlichsten Fische. Forelle, Barsch, Hecht, Muskies und viele andere Fische nehmen diese Fliegen ebenfalls. Aber nun lassen Sie mich Ihnen zeigen, wie man einige von diesen Mustern bindet.

DIE ORIGINAL STRIP FLY

Ursprünglich habe ich diese Fliege zur Imitation eines Blutegels gebunden, da das bräunliche Bisamfell sich sehr schön im Wasser bewegt. Später kamen noch Muddler- und Nymphen-Muster dieser Fellfliege hinzu. Hier das Original:

Die Original Strip Fly	
Haken:	Nymphen- oder Streamerhaken, 2 x oder 3 x lang, Größe je nach Ihrem Empfinden
Faden:	8/0, schwarz
Körper:	Flaches Tinsel, silber
Schwinge:	Bisamfellstreifen, gleiche Länge wie der Hakenschenkel, bräunlich
Hechel:	Grizzly
Beinchen:	Rebhuhnhechel (oder Flankenfeder einer Brautente)

Diese Fliege läßt sich einfach binden. Schneiden Sie aus einem Bisamfell einen Streifen, der genausolang ist, wie der Hakenschenkel. Anschließend wird dieser in Form eines Wimpels geschnitten. Nun wickeln Sie einen Körper aus silbernen Tinsel auf den Hakenschenkel. Im nächsten Schritt wird der zugeschnittene Fellstreifen so hinter dem Öhr eingebunden, daß die sich verjüngende Seite zum Hakenbogen zeigt. Dann winden Sie nur noch eine Hechel, wie Sie es auch bei einer Naßfliege tun würden, Abschlußknoten anbringen, mit Lack fixieren, und das war es auch schon!

Die Original Strip Fly.

DER STRIP LEECH

Diese lange Strip Fly-Version ist speziell für die Imitation eines Blutegels gedacht, die bei den Fischen sehr hoch im Kurs stehen. Anstelle des Bisamfells werden Streifen von Kaninchenfell verwendet, sogenannte Zonker-Strips, die auch unter diesem Namen im Handel erhältlich sind – das erspart Ihnen das aufwendige Schneiden des Fells. Da diese Zonker-Streifen in allen nur denkbaren Farben erhältlich sind, können Sie nicht nur Egel, sondern auch Futterfische imitieren.

Das folgende Muster, das wir zusammen binden werden, hat sich übrigens als äußerst effektiv erwiesen.

Der Strip Leech

Haken:	Streamerhaken, 4 x lang, Größe beliebig
Faden:	3/0, orange
Schwinge:	Kaninchenfellstreifen, schwarz
Rippung:	Kupferdraht
Körper:	Woll-Dubbing, bernsteinfarben (nicht orange) mit etwas Glitzermaterial versehen
Hechel:	Brustfeder vom Goldfasan, rötlich

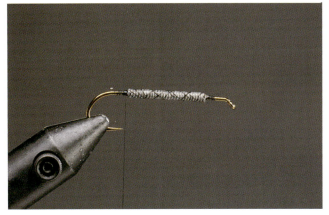

1. Legen Sie das Bindegarn ein bis zwei Millimeter hinter dem Öhr an, und winden Sie ihn von dort aus um den Hakenschenkel bis zum Anfang des Hakenbogens. Wenn Sie eine beschwerte Strip Leech möchten, umwickeln Sie den Haken zusätzlich mit einigen Windungen Draht. Sichern Sie diesen, indem Sie das Bindegarn spiralförmig über den Draht zunächst in Richtung Öhr und wieder zurück zum Hakenboden führen, danach den Überschuß abtrennen und dann mit Lack fixieren.

2. Nehmen Sie nun den Kaninchenfellstreifen zur Hand und trennen die Haare an der Stelle, an der das Fell auf dem Haken eingebunden werden soll. Legen Sie jetzt den Streifen auf den Haken und binden ihn kurz vor dem Hakenbogen an der vorbereiteten Fellstelle fest. Lassen Sie hierbei ruhig einige Zentimeter Fellstreifen über das Hakenende hinausstehen; Sie können es noch nach Fertigstellung der Fliege auf die von Ihnen gewünschte Länge stutzen. Heben Sie nun den zum Öhr zeigenden Fellteil an und machen zwei feste Wicklungen direkt vor das Leder. Diese Windungen halten den Streifen in Position. Jetzt wird der Kupferdraht für die Rippung angebracht. Hierbei sollten Sie ein wenig Platz zwischen Kaninchenleder und Draht lassen, damit an diese Stelle später noch eine Windung Dubbing paßt. Nun wird das Bindegarn wieder zur Mitte des Hakenschenkels geführt.

3. Bereiten Sie nun das Woll-Dubbing mit etwas Glitzermaterial vor, und seien Sie dabei mit dem Dubbing nicht zu geizig. Ziehen Sie es anschließend durch Ihre Dubbingbürste. Für Hakengröße 4, 4 x lang, benötigen Sie in etwa einen Dubbingstrang von 15 Zentimeter Länge. Dubben Sie nun den Körper, beginnend in der Mitte des Hakenschenkels. (Bevor Sie jedoch den Körper fertigen, führen Sie vorab das Bindegarn nach vorne.) Winden Sie jetzt das Dubbing zunächst zum Kupferdraht, machen dort zwischen dem Draht und der Einbindestelle des Fellstreifens eine Windung und führen es dann wieder nach vorne. Beenden Sie das Dubben etwa zwei Millimeter vor dem Öhr. Wickeln Sie dann den Kupferdraht als Rippung über den Körper und fixieren ihn abschließend mit dem Bindegarn. Der Überschuß wird abgetrennt.

4. Legen Sie nun den Fellstreifen wieder auf den gesamten Körper der Fliege, und spreizen Sie die Haare an der Stelle auseinander, an der das Fell später zum zweiten Mal eingebunden werden soll.

5. Fassen Sie als nächstes mit der rechten Hand den Streifen dicht am Öhr, und ziehen Sie ihn stramm. Nun führen Sie mit der linken Hand den Bobbin über die vorbereitete Einbindestelle und ziehen das Bindegarn fest. Sofern Sie das Bindegarn ordentlich stramm halten, können Sie das Fell jetzt loslassen. Machen Sie noch einige feste Windungen an der Einbindestelle. Heben Sie nun den überstehenden Fellstreifen an und machen dann zwei Windungen vor die Kaninchenhaut direkt auf den Hakenschenkel. Nun lassen Sie das Fell wieder los und fixieren nochmals mit einigen Windungen das Kaninchenfell. Der Fellstreifen wird hierdurch fest am Haken gehalten.

6. Schneiden Sie danach das überschüssige Fell ab. Das noch überstehende Fellstückchen an der Schnittstelle wird mit einigen Wicklungen des Bindegarns verdeckt und die gemachten Windungen durch Lack gesichert.

7. Nun wird die Brustfeder des Goldfasans mit der Spitze am Öhr eingebunden und der unbrauchbare Flaum entfernt.

8. Wickeln Sie jetzt die Hechel, und machen Sie dabei so viele Windungen wie möglich; normalerweise werden es aber nicht mehr als zwei oder drei sein. Dann bringen Sie die Fibern in die Position, die Ihnen gerade beliebt.

DAS BINDEN VON STREAMERN ■ 99

9. Abschließend nur noch das Köpfchen stutzen, Abschlußknoten anbringen, das Bindegarn abschneiden und mit Lack sichern. Fertig!

SIE FAHREN NACH ALASKA? ZAHNSTOCHER NICHT VERGESSEN!

Erwartungsvoll wachte ich morgens auf. Heute, da war ich mir sicher, würde ich einige große, kraftvolle Forellen fangen – schließlich war ich in Alaska.

Also packten wir unsere Ausrüstung und machten uns auf zum Fluß. Sein tiefes Wasser forderte geradezu zur Fischerei mit schweren Fliegen und jeder Menge Blei heraus. Nicht unbedingt meine bevorzugte Art der Fischerei …

Also setzte ich mich erst einmal mit dem Guide hin und sprach mit ihm über das Fischen und andere wichtige Dinge, während meine Fischerkollegen wahre Bleiklumpen in den Fluß warfen, um mit ihren Fliegen schön tief runterzukommen.

Plötzlich ein lautes „Platsch", ganz dicht bei uns. Ich dachte, ein Fisch wäre an die Oberfläche gekommen, um ein Insekt zu nehmen, doch der Guide sagte mir, daß die Lachsbrut unterwegs und das flache Wasser voll damit sei. Das Platschen sei von einer Forelle gekommen, die an der Oberfläche Brütlinge gejagt hätte, erklärte er mir.

Sekunden nach dem Wort „Brütling" reichte ich ihm meine Fliegenbox, in der eine Toothpick Fry steckte, doch er glaubte nicht so recht daran, daß man mit dieser Fliege hier etwas fangen könnte, denn sie käme nicht weit genug runter.

Nun denke ich gerne anders als andere und band die Toothpick Fry ans Vorfach. Der Fisch war etwas stromab von mir an die Oberfläche gekommen, und so warf ich die Fliege einfach aus, um sie mit der Strömung ans Ufer schwingen zu lassen, genau vor seine Nase. Ich hielt die Rute hoch, um möglichst wenig Strömungsdruck auf der Leine zu haben, und die Toothpick Fry kam genau in der richtigen Geschwindigkeit mit einer kleinen V-förmigen Welle an die richtige Stelle – ein gewaltiger Platsch und die gewaltige Regenbogenforelle, die ich landen konnte, bewiesen dem Guide, daß auch alte Hasen manchmal noch etwas lernen können …

Die unkonventionell gebundene Toothpick Fry fängt aber nicht nur in Alaska, sondern überall, wo Forellen Brütlinge und kleine Futterfische jagen – und das ist fast überall.

Die Toothpick Fly

Haken:	Naßfliegenhaken, Größe 6 oder 8
Faden:	3/0, weiß
Rücken und Schwanz:	Sparkle Yarn, beige
Unterkörper:	Mylar-Schlauch, perlfarben
Kopf:	Bindegarn mit schwarzen Lackaugen
Kiemen (evt.):	Hechelfibern, rot

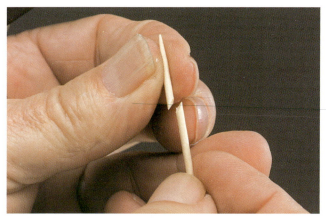

1. Schneiden Sie einen Zahnstocher wie auf dem Foto schräg ab. Das Stück sollte so lang wie der Hakenschenkel sein.

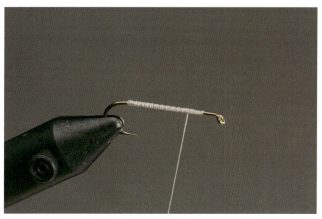

2. Wickeln Sie zwei Lagen Bindegarn um den Hakenschenkel, lassen Sie aber etwas Platz zum Öhr.

3. Legen Sie den Zahnstocher mit dem schrägen Ende nach vorne auf den Haken, wie auf dem Bild zu sehen. Wenn der Zahnstocher plaziert ist, drehen Sie den Bobbin mehrfach im Uhrzeigensinn, um den Drall aus dem Faden zu nehmen. Sie erreichen dadurch, daß dieser später schön flach auf dem Zahnstocher aufliegt.

4. Binden Sie nun den Zahnstocher mit mehreren Lagen fest, und versuchen Sie dabei, eine möglichst gleichmäßige Oberfläche zu bekommen. Beenden Sie diese Wicklungen am Übergang zum Hakenbogen.

5. Binden Sie nun hinten am Haken das Sparkle Yarn ein, und halten Sie dieses auf der Oberseite des Zahnstochers. Binden Sie auch dieses mit dem Bindegarn fest, und führen Sie das Bindegarn dann zurück zum Hakenende.

6. Schneiden Sie ein Stück mittelstarken Mylar-Schlauch ab, das ein wenig länger als der Hakenschenkel ist. Entfernen Sie dann die Seele aus dem Schlauch, fransen Sie ein Ende des Schlauchs mit leichten Drehungen zwischen den Fingern aus, und schieben Sie diesen auf den Körper. Die Fransen am Ende des Mylar-Schlauches sollten dann bis hinter den Bindefaden gehen.

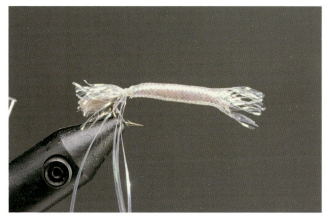

7. Halten Sie die Fransen hinter dem Haken zusammen, und legen Sie einige Wicklungen Bindegarn über den Mylar-Schlauch, um diesen am Haken zu befestigen. Achten Sie aber darauf, daß Sie noch genügend Schlauch haben, um den ganzen Körper zu bedecken. Sichern Sie dann die Wicklungen mit einem halben Schlag, und schneiden Sie den Bindefaden so dicht wie möglich am Knoten ab.

8. Schieben Sie jetzt den Schlauch etwas nach hinten, und legen Sie das Bindegarn dicht am Öhr an. Ziehen Sie dann den Schlauch stramm nach vorne, halten Sie ihn fest, und machen Sie einige Wicklungen mit dem Bindegarn, um diesen am Haken zu befestigen.

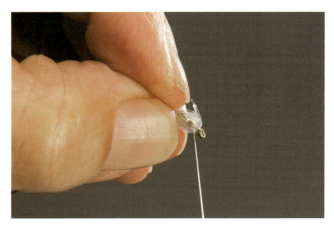

9. Formen Sie jetzt mit dem Bindefaden den Kopf der Fliege. Falten Sie dabei die Fransen des Mylars nach hinten und überwickeln Sie diese. Denken Sie daran, daß Sie einen verhältnismäßig großen Kopf binden müssen. Wenn Sie wollen, können Sie mit rotem Garn dabei auch noch rote Fibern als Kiemen einbinden.

11. Tupfen Sie am nächsten Morgen mit einem Zahnstocher etwas Lack auf den Kopf, um das Auge zu imitieren, und fertig ist der Toothpick Fry!

10. Nach der Herstellung des Köpfchens, der wie auf dem Bild in den Körper übergeht, machen Sie einen Abschlußknoten und schneiden den Bindefaden ab. Überziehen Sie jetzt alles mit einem Kunststoffkleber, und lassen Sie die Fliege über Nacht trocknen.

12. Wenn alles getrocknet ist, können Sie diese Fliege auch noch mit Klarlack überziehen. Und falls Sie es noch nicht getan haben, können Sie auch das Schwänzchen noch etwas in Form schneiden.

DER MUDDLER MINNOW

Die meisten Fliegenfischer sind sich einig, daß der Muddler Minnow einer der besten Streamer überhaupt ist. Beim Binden von Muddlern werden eine ganze Reihe verschiedener Bindetechniken benötigt, doch gerade Einsteigern macht die Herstellung des Rehhaarkopfes wohl die meisten Schwierigkeiten. Ich werde Ihnen daher zwei einfache Möglichkeiten für das Binden dieser Köpfchen zeigen, bei der Sie bei einer sogar auf das komplizierte In-Form-Schneiden des Kopfes verzichten können.

Ich benutze für meine Muddler Haare vom Maultierhirsch (Mule Deer), denn diese Haare lassen sich einfacher und besser verarbeiten als das sonst übliche Haar vom Weißwedelhirsch (Whitetailed Deer). Außerdem ist das Haar vom Mule Deer dicker und enthält im Hohlraum des Haares daher auch mehr Luft, und das verleiht der Fliege mehr Austrieb.

Der Muddler Minnow

Haken:	Größe 4 bis 14, 2 x oder 3 x lang
Faden:	3/0, schwarz
Schwanz:	Segment einer Truthahnfeder
Rippung:	Tinsel, oval, fein, gold
Körper:	Tinsel, flach, medium, silber
Unterschwinge:	Schwanzhaare vom Eichhörnchen
Schwinge:	Segmente von Truthahnfedern
Kopf:	Körperhaar vom Maultierhirsch (Mule Deer) oder Rehhaar

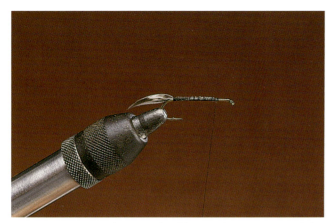

1. Beginnen Sie mit der Grundwicklung auf etwa ein Viertel der Schenkellänge hinter dem Öhr, und wickeln Sie diese bis auf Höhe des Widerhakens. Schneiden Sie dann aus einer Truthahnfeder ein schmales Segment, und binden Sie dieses als Schwänzchen ein. Das Ende des Segments sollte dabei entlang des Hakens liegen und wie auf dem Foto überwickelt werden, um das Fundament für den Körper zu bilden.

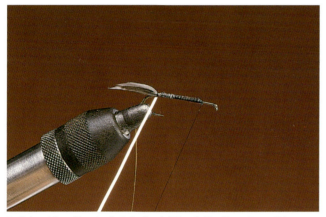

2. Schneiden Sie ein Stück Oval-Tinsel für die spätere Rippung ab, und entfernen Sie auf den ersten Zentimetern die Metallummantelung, um die Seele des Fadens freizulegen. Binden Sie diese hinten am Haken auf der Unterseite ein, lassen Sie dabei aber ein wenig Platz zum Schwänzchen, um an dieser Stelle eine Wickelung mit dem Tinsel machen zu können. Anschließend binden Sie das Flach-Tinsel ein. Der Bindefaden wird dann nach vorne geführt.

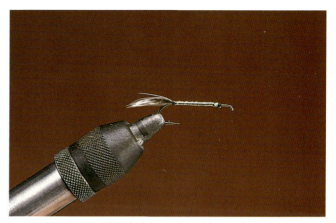

3. Winden Sie nun das Flach-Tinsel um den Hakenschenkel, und machen Sie mit dem Oval-Tinsel anschließend auf dieses die Rippung. Schneiden Sie die Reste ab, und machen Sie mit dem Bindegarn eine Wicklung darüber, um die Basis für die Schwinge zu bilden.

4. Schneiden Sie ein feines Büschel Eichhörnchenschwanzhaare ab, und bringen Sie es auf die richtige Länge. Geben Sie auf die Einbindestelle einen Tropfen Kleber, und binden Sie das Haar ein.

DAS BINDEN VON STREAMERN ▪ 105

5. Wählen Sie nun zwei passende Federn von einem linken und einem rechten Flügel eines Truthahns aus, und schneiden Sie aus beiden Federn zwei gleich große Segmente. Legen Sie die beiden Segmente so aufeinander, daß deren Innenseiten (also die nach innen gewölbten) gegeneinanderzeigen und die Spitzen aufeinanderliegen. Biegen Sie die zusammengelegten Federsegmente an den Spitzen etwas herunter, und binden Sie die Schwinge anschließend ein.

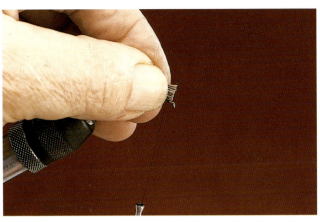

7. Nehmen Sie nun die Haare in die linke Hand, und markieren Sie die Einbindestelle mit dem Daumennagel. Schneiden Sie dann das Haar dicht vor dieser Markierung ab. Wo Sie genau abschneiden, hängt von der Größe des Hakens ab: Wenn Sie einen 10er verwenden, sollten Sie es etwa 1 bis 2 Millimeter vor der Markierung abschneiden, bei größeren Haken etwas weiter davon entfernt. Die Haarenden, die zwischen den Fingern hervorschauen, werden das Köpfchen des Muddlers.

6. Nun werden wir zuerst einen Muddler binden, bei dem Sie das Köpfchen anschließend nicht mehr zurechtschneiden müssen. Nehmen Sie ein Büschel Haare, das zur Hakengröße paßt, also wenig Haare, wenn der Haken klein ist, viel Haare, wenn er groß ist. In unserem Fall verwenden wir ein Büschel, das ungefähr Bleistiftdicke hat. Richten Sie mit dem Stacker die Haarspitzen aus, nehmen Sie die Haare aus dem Haaraufstoßer, und halten Sie es in der rechten Hand. Messen Sie nun die Schwingenlänge ab, sie sollte etwa bis zur Mitte des Hakenschenkels gehen.

8. Halten Sie die Haarenden oben auf dem Hakenschenkel dicht hinter dem Öhr. Machen Sie nun direkt vor Ihrem Daumennagel eine Wicklung mit dem Bindegarn über den Hakenschenkel und das Haar.

9. Spreizen Sie die vorderen Haare etwas, indem Sie leicht am Bobbin ziehen. Nun machen Sie eine zweite Windung mit dem Bindegarn über das Haar auf dem Schenkel, halten Sie den Bobbin direkt unter die Wicklungen, und ziehen Sie diesen absolut gerade nach unten. Während Sie weiter Zug mit dem Bobbin ausüben, können Sie das Haar zwischen Ihren Fingern langsam loslassen.

11. Führen Sie das Bindegarn durch die Haare hinter das Öhr, machen Sie noch ein, zwei Wicklungen, und machen Sie einen Abschlußknoten. Sie haben Ihren ersten Muddler gebunden – und mußten dabei das schöne Köpfchen noch nicht einmal in Form schneiden.

10. Wenn der Bindefaden richtig angezogen ist, können Sie die Haare vollständig loslassen. Liegt der Bindefaden fest an, hört das Haar auf, sich um den Schenkel zu drehen. Jetzt können Sie die Haare noch ein wenig besser in Position schieben, also gleichmäßig um den Hakenschenkel verteilen, lassen Sie dabei aber nicht das Bindegarn los. Anschließend machen Sie mit diesem noch einige Windungen an der gleichen Stelle, um das Material zu sichern.

DAS BINDEN VON STREAMERN ■ 107

12. Wenn Sie mit dem Bindefaden direkt hinter dem Öhr angekommen sind, machen Sie noch ein bis zwei Windungen und einen Abschlußknoten. Fertig ist der Muddler Minnow.

DAS SCHNEIDEN EINES MUDDLERKOPFES

Einige Fliegenfischer bevorzugen den Muddler Minnow mit einem etwas längeren, dichteren Kopf, und einige Fliegenbinder ziehen es vor, das Muddler-Köpfchen nach ihren Vorstellungen in Form zu schneiden. Um diese zurechtschneidbaren Köpfe herzustellen, benötigen Sie zwei Haarbüschel. Einer davon wird um den Hakenschenkel gewickelt, der zweite direkt vor diesen gesetzt. Der Trick ist, daß sich beide spreizen und so sehr viel Volumen erzeugen.

Und so wird es gemacht:

1. Binden Sie den Schwanz, Körper und die Unterschwinge, wie bereits beschrieben. Dann legen Sie ein Büschel Haare auf, und legen Sie es um den Hakenschenkel. Machen Sie sich wegen der Haarlänge keine Gedanken, denn die Haare werden ja später noch geschnitten. Wenn das Haar festliegt, biegen Sie die vorderen Enden so weit wie möglich nach hinten, und machen Sie vor dem Haar eine Wicklung mit dem Bindefaden. Dann legen Sie das zweite Büschel auf den Hakenschenkel genau vor den ersten, so wie Sie es auf diesem Foto sehen.

2. Legen Sie dieses Haar wie zuvor beschrieben fest, und sorgen Sie dafür, daß sich dieses um den Hakenschenkel verteilt. Wenn es gleichmäßig verteilt ist, biegen Sie auch dieses wie auf dem Foto nach hinten, und machen Sie mit dem Bindefaden zwischen den Haaren und dem Öhr einige enge Windungen. Machen Sie einen halben Schlag, schneiden Sie den Bindefaden ab, und sichern Sie den Knoten mit Kleber.

4. Hier nun der Muddler mit dem getrimmten Köpfchen. Vergleichen Sie diesen einmal mit dem ersten, nicht in Form geschnittenen Muddler. Ihnen wird auffallen, daß das Köpfchen ein bißchen länger und dichter ist.

3. Nun können Sie den Kopf in Form schneiden. Fangen Sie dabei auf der Unterseite an, und schneiden Sie dann den Rest. Mit etwas Übung wird es Ihnen gelingen, so einen Kopf mit etwa einem Dutzend Schnitten in Form zu bringen. Falls Ihnen der Kopf doch etwas zu üppig ausgefallen erscheint, können Sie diesen mit einer spitzen Schere, die beidseitig Klingen haben sollte, ausdünnen.

Hier ein weiterer Muddler-Trick: Erinnern Sie sich an die Strip-Fliegen in diesem Kapitel? Wenn Sie bei einer Fliege mit einem Fellstreifen zum Öhr hin etwas Platz lassen, können Sie dort ebenfalls einen Muddlerkopf binden. Dieser Strip-Muddler ist beispielsweise ein sehr effektiver, haltbarer Streamer, der eine Koppe und auch andere Futterfische imitiert.

DIE GOLDEN SQUIRREL

Wir sind am Ende unseres Buches angekommen, und abschließend möchte ich Ihnen noch die erste Fliege zeigen, die ich jemals gebunden habe: die Golden Squirrel.

Dieses Muster wurde mein Markenzeichen, und ich binde es auf fast jeder Bindeshow. Die Fliege ist genau so fängig wie hübsch, und ich bin mir sicher, Sie werden ebenfalls Spaß daran haben, dieses Muster zu binden und zu fischen.

Da die Golden Squirrel eine einfach zu bindende Fliege ist und Sie die Bindetechniken ja inzwischen gelernt haben, bin ich sicher, daß ein Foto und eine Materialliste ausreichen werden, um Ihnen das Binden dieser Fliege zu ermöglichen.

Die Golden Squirrel	
Haken:	Standardhaken, 2 x lang
Faden:	8/0, schwarz
Schwanz:	Fibern einer roten Hechel
Körper:	Tinsel, flach, gold
Schwinge:	Schwanzhaare vom Eichhörnchen
Augen:	Dschungelhahn

Die Golden Squirrel, das erste Fliegenmuster, das Royce Dam in seinem Leben gebunden hat.